Mariana Lazzaro-Salazar, Miriam Seghiri, Andrew Philominraj, Belén Valdés-Villalobos y Enrique A. Mundaca

INTERPRETAMÉRICA

Interpretación de conferencias del español de Chile

Granada, 2024

Colección indexada en la MLA International Bibliography desde 2005

EDITORIAL COMARES

INTERLINGUA

373

Colección fundada por Emilio Ortega Arjonilla y Pedro San Ginés Aguilar

Directores de la colección:

Ana Belén Martínez López - Pedro San Ginés Aguilar

Comité Científico (Asesor):

Esperanza Alarcón Navío Universidad de Granada
Jesús Baigorri Jalón Universidad de Salamanca
Christian Balliu ISTI, Bruxelles
Lorenzo Blini LUSPIO, Roma
Anabel Borja Albí Universitat Jaume I de Castellón
Nicolás A. Campos Plaza Universidad de Murcia
Miguel Á. Candel-Mora Universidad Politécnica de Valencia
Ángela Collados Aís Universidad de Granada
Miguel Duro Moreno Woolf University
Francisco J. García Marcos Universidad de Almería
Gloria Guerrero Ramos Universidad de Málaga
Catalina Jiménez Hurtado Universidad de Granada

Óscar Jiménez Serrano Universidad de Granada
Ángela Larrea Espiral Universidad de Córdoba
Helena Lozano Università di Trieste
Maria Joao Marçalo Universidade de Évora
Francisco Matte Bon Luspio, Roma
José Manuel Muñoz Muñoz Universidad de Córdoba
Antonio Raigón Rodríguez Universidad de Córdoba
Chelo Vargas-Sierra Universidad de Alicante
Mercedes Vella Ramírez Universidad de Córdoba
África Vidal Claramonte Universidad de Salamanca
Gerd Wotjak Universidad de Leipzig

ENVÍO DE PROPUESTAS DE PUBLICACIÓN:

Las propuestas de publicación han de ser remitidas (en archivo adjunto, con formato PDF) a alguna de las siguientes direcciones electrónicas: anabelen.martinez@uco.es, psgines@ugr.es

Antes de aceptar una obra para su publicación en la colección INTERLINGUA, ésta habrá de ser sometida a una revisión anónima por pares. Para llevarla a cabo se contará, inicialmente, con los miembros del comité científico asesor. En casos justificados, se acudirá a otros especialistas de reconocido prestigio en la materia objeto de consideración.

Los autores conocerán el resultado de la evaluación previa en un plazo no superior a 60 días. Una vez aceptada la obra para su publicación en INTERLINGUA (o integradas las modificaciones que se hiciesen constar en el resultado de la evaluación), habrán de dirigirse a la Editorial Comares para iniciar el proceso de edición.

Polígono Juncaril • C/ Baza, parcela 208 • 18220 Albolote (Granada) • Tlf.: 958 465 382
https://www.comares.com • E-mail: libreriacomares@comares.com
https://www.facebook.com/Comares • https://twitter.com/comareseditor
https://www.instagram.com/editorialcomares

ISBN: 978-84-1369-824-3 • Depósito legal: Gr. 929/2024

Fotocomposición, impresión y encuadernación: COMARES

Agradecimientos y reconocimientos

Este libro es resultado del proyecto Erasmus+ KA171, de la Universidad de Málaga (España) con la Universidad Católica del Maule (Chile), y más concretamente a través de sus responsables de destino, a saber, la Dra. Miriam Seghiri, Catedrática del Departamento de Traducción e Interpretación de la Universidad de Málaga (España) y la Dra. Mariana Lazzaro-Salazar, Académica del Centro de Investigación de Estudios Avanzados del Maule (CIEAM) de la Universidad Católica del Maule (Chile). Se agradece al Vicerrectorado de Movilidad y Cooperación Internacional de la Universidad de Málaga que, a través del proyecto KA171, se haya sufragado el pago de la presente publicación.

Asimismo, esta investigación también se enmarca en el seno de las actividades del Instituto Universitario de Investigación de Tecnologías Lingüísticas Multilingües (IUITILM) y del Grupo de Investigación LexyTrad (ref. HUM-106), ambos de la Universidad de Málaga, además de en los proyectos VIP II (ref. PID2020-112818GB-I00), GAMETRAPP (ref. TED2021-129789B-I00), INMOCOR (P20-00109), TRADUTEACH (ref. PIE22-124), , DIFARMA (HUM106-G-FFEDER) y DICENS (C-HUM-106-UGR23).

Por su parte, el Dr. Enrique A. Mundaca fue apoyado por el proyecto ANID/ATE230028.

Deseamos, asimismo, agradecer al equipo de Dirección de Comunicaciones y estudiantes de la carrera de Pedagogía en inglés de la Universidad Católica del Maule (Chile) por su apoyo en la realización de las grabaciones.

Financiado por la Unión Europea.
Las opiniones y puntos de vista expresados solo comprometen a su(s) autor(es)
y no reflejan necesariamente los de la Unión Europea o los de la Agencia Ejecutiva Europea de Educación
y Cultura (EACEA). Ni la Unión Europea ni la EACEA pueden ser considerados responsables de ellos.

Portadas de Conferencias

Ilustraciones: Enrique A. Mundaca
Fotos: Mariana Lazzaro-Salazar

Grabaciones

Voces:
Conferencia 1: Amaya Fuenzalida Gutiérrez, Talca, Chile.
Conferencia 2: Diego Troncoso Villagra, Linares, Chile
Conferencia 3: Elizabeth Solange Mejías Sáez, San Javier, Chile.
Conferencia 4: Juan Cristóbal Alfaro, San Javier, Chile.
Conferencia 5: Catalina Rosales Rojas, Talca, Chile.
Conferencia 6: Cristóbal Cáceres Fuentes, Curicó, Chile.
Conferencia 7: Esther Noemí Ortiz, Talca, Chile.
Conferencia 8: Valentina Álvarez Aguilera, Molina, Chile.
Conferencia 9: Enrique Fabián Hormazábal González, Rancagua, Chile.
Conferencia 10: Diana Marín Aguilar, Colbún, Chile.
Conferencia 11: José Tomás Montes Larraín, Santiago, Chile
Suplente: Lisbeth Díaz

Técnicos:
Rafael Juliet Verdugo
Diego Aguilera Campos

Sumario

Prólogo

"El seguro de vida de cualquier especie es la diversidad. La diversidad garantiza la supervivencia". Isabel Allende

El español, que en ocasiones también recibe el nombre de «castellano», reminiscencia de la denominación original de la región o regiones de Castilla (España), es uno de los idiomas más hablados y también más diversos del mundo. Según datos del Instituto Cervantes: "En 2021, casi 493 millones de personas tenían el español como lengua materna" y "el español es la segunda lengua materna del mundo por número de hablantes, tras el chino mandarín, y la tercera lengua en un cómputo global de hablantes (dominio nativo + competencia limitada + estudiantes de español)[1], después del inglés y del chino mandarín. El español es, por lo tanto, una lengua potente y de alta flexibilidad, que se asocia con identificadores culturales de numerosos países en distintas latitudes del globo terráqueo. Muchos son los estudiantes que acuden a las aulas de español por el interés de la cultura hispánica, la musicalidad del idioma y los múltiples estereotipos que se asocian al estilo de vida, dieta, fiestas y paisajes, entendidos estos de forma amplia, "mediterráneos", "latinos" e incluso "asiáticos". Esta diversidad le procura diferentes acentos, entonaciones, términos, proverbios, regionalismos y variedades diatópicas.

El mundo globalizado ha permitido que los hablantes de español estén más estrechamente conectados que nunca y hoy en día se conocen con más facilidad los matices de cada variedad dialectal, sabiendo que todas y cada una de ellas aportan elementos que enriquecen la lengua que comparten. Una de estas variedades, considerada como la «más difícil de clasificar, [...] más reconocible por su melodía, por sus modismos y por lo que tiene de disruptivo» (Periódico El Mundo: 2021)[2], es el español que se habla en Chile. De este modo, el español es el idioma oficial y la lengua administrativa de dicho país, hablado aproximadamente por el 90 % de la población, pero son pocos los estudios que han abordado las características de esta variedad desde la perspectiva de la interpretación de lenguas: los "anglochilenismos", la influencia de las lenguas

---

[1] Informe *El español: Una lengua viva* (2021), de Fernández Vítores y Dirección Académica del Instituto Cervantes.

[2] ALEMANY, Luis (30 de noviembre de 2021). Disponible en la siguiente dirección URL: https://www.elmundo.es/cultura/2021/11/30/61a4a36321efa013518b4571.html.

indígenas y de la variedad andaluza, de la inmigración europea o de los conflictos de clases son algunos de los principales e interesantes elementos que dejan su impronta en el español chileno o castellano chileno. Por su parte, la Interpretación es una disciplina muy antigua que se ha reconocido como profesión de manera relativamente reciente. Se trata de una labor altamente compleja, oral, que aún hoy sigue contando con menos estudios y menos recursos (sobre todo para su enseñanza) que la Traducción escrita.

En este libro se aúnan ambos vacíos académicos, el de la formación de intérpretes y la puesta en valor del español chileno. Así, en el presente manual, se describen las diferencias más notables en la pronunciación del español de Chile y España y se proporciona un glosario de chilenismos, se analiza someramente qué es la interpretación, centrándose especial, aunque no exclusivamente, en la interpretación de conferencias (con las técnicas propias de este contexto, como son la interpretación consecutiva y simultánea). Por otro lado, y a través de originales conferencias representativas, se abordan temas culturales propios del país, como la descripción y organización geopolítica de Chile, la biodiversidad, los lugares turísticos, los pueblos originarios, la música y cantautores, las comidas y tradiciones, las celebraciones y festivales, el lenguaje coloquial, los mitos y leyendas, los escritores o las personas destacadas de Chile.

Los autores de este trabajo son especialistas en las materias que aquí se tratan, pues son profesores de distintas universidades de Chile y España, la Universidad Católica del Maule (Chile) y la Universidad de Málaga (Andalucía), que confluyeron amparados por el programa de movilidad proyecto Erasmus+ KA171.

Por tanto, este monográfico cuenta con recursos didácticos para hablantes o estudiantes de español que permiten practicar la denominada "interpretación inversa" (del español chileno a otro idioma-variedad, como pueden ser el inglés o el francés), pero que también puede emplearse por discentes cuya lengua materna no sea el español para trabajar la interpretación directa. Un recurso único, bien planteado y especialmente útil para aquellas personas que trabajen con el idioma español y, por lo tanto, con las distintas culturas y saberes que subyacen a su estudio a partir de la interpretación de conferencias.

Aurora Ruiz Mezcua
Universidad de Córdoba (España)

Introducción

La interpretación es una habilidad esencial en un mundo cada vez más globalizado, donde la comunicación efectiva entre personas que hablan diferentes lenguas, y distintas variedades diatópicas de éstas, es crucial para el éxito en una amplia gama de contextos. Dos técnicas fundamentales de interpretación son: la interpretación consecutiva y la interpretación simultánea.

De una parte, la interpretación consecutiva es una técnica de interpretación que implica que el intérprete escuche al orador en su idioma original y, a continuación, transmita el discurso en el idioma de destino. Es común en entornos como conferencias, discursos, reuniones de negocios y entrevistas individuales. Aunque puede parecer más lenta que la interpretación simultánea, tiene muchas ventajas. Uno de los aspectos más destacados de la interpretación consecutiva es su capacidad para transmitir el significado completo y el tono del discurso original. Los intérpretes consecutivos tienen tiempo para reflexionar sobre lo que se está diciendo y transmitirlo con precisión. Esto es esencial en situaciones de alta importancia, como en la política y la diplomacia, donde incluso el matiz más sutil puede ser crucial. Asimismo, no requiere de ningún medio técnico. Además, la interpretación consecutiva permite una comunicación más efectiva en contextos interculturales. De hecho, los intérpretes pueden ayudar a evitar malentendidos culturales y facilitar la comprensión mutua.

La interpretación simultánea, por otro lado, es un enfoque más rápido y dinámico. Los intérpretes que trabajan en este modo escuchan al orador en tiempo real y transmiten el discurso en el idioma de destino simultáneamente. Esta técnica de interpretación se utiliza en conferencias multilingües, transmisiones en directo, reuniones internacionales y otros entornos donde la velocidad es esencial. La principal ventaja de la interpretación simultánea es su rapidez. Permite que las conversaciones fluyan de manera más eficiente, lo que es vital en situaciones en las que el tiempo es un recurso crítico. La interpretación simultánea es esencial para la transmisión de noticias en tiempo real, discusiones en vivo y eventos deportivos internacionales. Además de la velocidad, la interpretación simultánea también es fundamental en la preservación de la naturalidad de la comunicación.

En un discurso en directo o una conversación, los oradores no tienen que esperar a que el intérprete termine antes de continuar. Esto facilita una comunicación más fluida y auténtica, lo que es importante en la toma de decisiones y en la construcción de relaciones. Requiere, además, por lo general, del uso de medios técnicos.

De este modo, la interpretación consecutiva y simultánea juegan un papel vital en la comunicación efectiva. Aquí hay algunas razones por las que estas dos formas de interpretación son esenciales:

1. Promoción de la comprensión mutua: La comunicación efectiva es la base de la comprensión mutua en contextos internacionales. Los intérpretes ayudan a superar las barreras lingüísticas, lo que es crucial para la cooperación en la diplomacia, los negocios internacionales o la resolución de conflictos.

2. Acceso a información global: La interpretación permite que las personas tengan acceso a información valiosa de todo el mundo. Esto es fundamental en campos como la investigación científica, donde los hallazgos deben compartirse a nivel global.

3. Facilitación del comercio internacional: En el ámbito empresarial, la interpretación es esencial para cerrar acuerdos y expandir los mercados en todo el mundo. Las empresas que operan en el extranjero dependen de intérpretes para negociaciones y presentaciones efectivas.

4. Ayuda humanitaria y servicios sociales: En situaciones de crisis y desastres naturales, los intérpretes desempeñan un papel crucial al permitir que las organizaciones humanitarias se comuniquen con las poblaciones afectadas. También son esenciales en entornos de atención médica, donde la comunicación precisa puede tener un impacto directo en la salud de los pacientes.

5. Promoción de la diversidad cultural: La interpretación fomenta la diversidad cultural al permitir que personas de diferentes orígenes se conecten y compartan sus perspectivas. Esto enriquece la sociedad y promueve la tolerancia.

De este modo, y a pesar de la relevancia de la interpretación, no está exenta de desafíos. Los intérpretes deben lidiar con la fatiga mental y emocional, mantenerse actualizados con los cambios en el lenguaje y la terminología, conocer bien sus lenguas de trabajo y sus diferentes variedades diatópicas, a la par que trabajar en entornos, a menudo, exigentes.

Además, la tecnología está desempeñando un papel cada vez más importante en la interpretación, con herramientas de traducción automática y sistemas de interpretación simultánea asistida por ordenador (vid. Seghiri y Corpas Pastor, en prensa[3]), si bien estas tecnologías son útiles, los intérpretes humanos siguen siendo indispensables para comprender el contexto y las sutilezas culturales.

---

[3] Seghiri, M. y Corpas, G. 2023/en prensa. *Tecnología e interpretación: nuevos horizontes didácticos y profesionales*. Granada: Comares.

De este modo, podemos afirmar que la interpretación de conferencias es una disciplina altamente especializada que requiere un conjunto único de habilidades y conocimientos. Los intérpretes de conferencias trabajan en una variedad de campos, desde la diplomacia y los negocios hasta la medicina y la ciencia; sin embargo, a pesar de la importancia de esta profesión, existe una notable escasez de material didáctico de calidad para enseñar a futuros intérpretes de conferencias, tal y como han señalado autores como Torres Díaz (1998[4] y 2023[5]).

La escasez de material didáctico de calidad para enseñar interpretación de conferencias es un problema complejo que afecta tanto a docentes como a discentes. Existen varias razones detrás de esta carencia:

1. Naturaleza altamente especializada: La interpretación de conferencias es una disciplina altamente especializada y, por lo tanto, no se beneficia de la amplia gama de recursos educativos disponibles para disciplinas más generales. Los materiales didácticos deben ser específicos y detallados para abordar las necesidades únicas de los intérpretes.

2. Confidencialidad y seguridad: En conferencias diplomáticas y comerciales, la información a menudo es altamente confidencial. Esto limita la capacidad de los intérpretes de compartir grabaciones o transcripciones de sus trabajos para fines educativos. A menudo, las grabaciones de conferencias no están disponibles públicamente.

3. Falta de inversión en desarrollo de material: La creación de material didáctico de alta calidad requiere tiempo, esfuerzo y recursos. Algunas instituciones educativas y organizaciones pueden no estar dispuestas a invertir en el desarrollo de materiales personalizados.

4. Idiomas menos comunes: Los programas de formación en interpretación de conferencias a menudo incluyen idiomas menos comunes que no tienen tantos recursos disponibles en comparación con los idiomas ampliamente hablados. Esto dificulta aún más la obtención de material de calidad.

5. Variedades diatópicas no abordadas: Ocurre que, aunque existen lenguas, como el español, en las que se han desarrollado ya materiales didácticos para la interpretación de conferencias, se observa una predominancia de una variedad diatópica (en el caso del español, la variedad europea del mismo), frente a otras para las que apenas existen manuales o, sencillamente, no hay nada, como es el caso del español en su variedad de Chile.

La falta de estos materiales docentes para intérpretes se hace más que evidente en bases de datos como "BITRA: Bibliografía de Interpretación y Traducción"[6]. A pesar

---

[4] Torres Díaz, G. 2007. *Manual de interpretación consecutiva y simultánea*. Málaga: SPICUM.
[5] Torres Díaz, G. 2023. *La interpretación bilateral*. Granada: Comares.
[6] Puede accederse gratuitamente a BITRA a través de la siguiente dirección URL: https://aplicacione-sua.cpd.ua.es/tra_int/usu/buscar.asp?idioma=es

de que la traducción e interpretación son dos disciplinas que se suelen enseñar de forma conjunta en los actuales Grados en Traducción e Interpretación, la carga docente de ambas materias está desequilibrada, siendo mucho mayor las horas y asignaturas que se dedican a la Traducción. Ello tiene un reflejo inmediato en la investigación y en los materiales didácticos disponibles. De este modo, BITRA, que afirma tener más de 93.000 entradas bibliográficas, solo 11.815 pertenecen al campo de la Interpretación, esto es solo un 12,7 %. Si las búsquedas, en esta misma base de datos, se limitan a "Interpretación simultánea", los registros descienden a 1.350 (un 14,5 %); a "Interpretación consecutiva", las entradas pasan a 426 (un 0,5 %); y, si combinamos los campos de "pedagogía" e "interpretación", sorprendentemente las entradas bajan drásticamente a los 325 resultados (un 0,3 %). Algunos de estos resultados se centran en español (muy particularmente en su combinación con el inglés); sin embargo, sorpresivamente, ninguno de los resultados arrojados para el español parece abordar las variedades diatópicas que se hablan en América, centrándose únicamente en la variedad europea de este idioma.

Con estos datos, no cabe duda de que la escasez de material didáctico en interpretación plantea una serie de desafíos tanto para los docentes como para los discentes de interpretación de conferencias:

1. Falta de ejemplos auténticos: Los estudiantes se benefician enormemente al practicar con ejemplos auténticos de conferencias reales. La falta de acceso a tales ejemplos puede limitar la preparación de los estudiantes para el mundo real.

2. Limitaciones en la enseñanza de lenguas menos comunes, o variedades diatópicas de una lengua: Para los idiomas (o variedades diatópicas) menos comunes, la falta de material didáctico de calidad puede dificultar la enseñanza efectiva y la adquisición de habilidades necesarias.

3. Dependencia de la experiencia en el campo: La interpretación de conferencias es una disciplina en la que la experiencia práctica es crucial. La falta de material didáctico puede hacer que los estudiantes dependan en exceso de la experiencia en el campo para aprender.

4. Variedad de estilos y temas: Las conferencias pueden abordar una amplia variedad de temas y estilos de discurso. Los materiales didácticos deben ser diversos y adaptarse a diferentes situaciones.

Así, estamos en disposición de afirmar que enseñar interpretación de conferencias es un desafío, ya que la disponibilidad de materiales auténticos y ejemplos de calidad es limitada o, inexistente, como en la variedad del español de Chile. Además, en el caso de la didáctica de la interpretación de conferencias en España, se tiende a pasar por alto la formación y exposición de los discentes a otras variedades diatópicas del español, debido a la falta de recursos adecuados. Esto limita la diversidad y la calidad de los profesionales en estas variedades diatópicas, que desconocen.

Precisamente el presente volumen viene a intentar llenar este vacío existente en la formación de intérpretes, centrándose en la creación de recursos en la variedad del español de Chile, para la formación en interpretación de conferencias. Los recursos aquí presentados podrán ser empleados por hablantes de español (en sus diferentes variedades diatópicas), para entrenar la modalidad de interpretación inversa, así como por discentes cuya lengua materna no sea el español para trabajar la modalidad de interpretación directa.

De esto modo, en el presente manual se abordarán temas culturales propios del país: como la descripción y organización geopolítica de Chile, la biodiversidad, los lugares turísticos, los pueblos originarios, la música y cantautores, las comidas y tradiciones, las celebraciones y festivales, el lenguaje coloquial, los mitos y leyendas, los escritores y, finalmente, las personas destacadas de Chile.

Asimismo, en lo referente a los acentos a los que se expondrá a los discentes a través de las grabaciones de audio, conviene subrayar lo siguiente: de un lado, en torno a la variedad diatópica del español en la que se presentarán los discursos, será aquella del español chileno. En términos más generales, la pronunciación del español en Chile y España difiere en varios aspectos, lo que lleva a acentos y características distintivas en ambas variedades diatópicas del idioma. A continuación, se detallan algunas de las principales diferencias en la pronunciación:

1. Seseo vs. Ceceo: Uno de los rasgos más notables es la diferencia en la pronunciación de "c" y "z" antes de "e" e "i". En Chile se utiliza el seseo, donde "c" y "z" se pronuncian como "s" como en "cima" o "zapato", mientras que consonantes sí se diferencias fonéticamente en la variedad diatópica de España.

2. Pronunciación de la "r": En Chile, la "r" tiende a ser suave y se pronuncia como una vibración suave en la garganta.

3. Entonación y ritmo: La entonación y el ritmo del habla pueden variar significativamente. En Chile, se tiende a hablar con un ritmo más rápido, mientras que, en algunas partes de España, se habla a un ritmo más pausado.

4. Influencias regionales: Tanto Chile como España tienen diferencias regionales en la pronunciación debido a su tamaño y diversidad geográfica. Por lo tanto, en ambas regiones, es posible encontrar variaciones en la pronunciación y el acento según la ubicación geográfica.

Estas son algunas de las diferencias más notables en la pronunciación del español de Chile y España. Sin embargo, es importante recordar que la lengua evoluciona constantemente, y estas diferencias pueden atenuarse o intensificarse con el tiempo debido a la influencia de los medios de comunicación y la movilidad de las personas. En el caso de la procedencia de los oradores chilenos que han colaborado en las grabaciones del presente volumen, es aquella de la zona central de Chile, que incluye desde las regiones de Valparaíso, Del Libertador Bernardo O'Higgins, Maule, Biobío y la Metropolitana. El español chileno de esta zona del país tiene una entonación de tono medio elevado y una cadencia con frecuencias más altas. Sus hablantes muestran una tendencia muy clara al debilitamiento de la -d- intervocálica, especialmente en sílabas finales (ejemplo, 'andado' - 'andao'). Asimismo, muestra una tendencia a la aspiración o a la pérdida de la -s- en posición final de palabra (ejemplo, 'las' – 'lah').

Otra de las características más importantes esta variedad diatópica es el yeísmo (es decir, la falta de distinción entre la pronunciación de la 'll' y la 'y', donde en Chile ambas tienen una pronunciación medio palatal sonora [j]).

De otro lado, en torno a la variedad diatópica del inglés, esta lengua es en la que un orador dará paso y concluirá los discursos de los ponentes, de modo que también pueda practicarse, aunque en menor proporción, la interpretación hacia el español. La variedad diatópica del inglés empleada en las grabaciones presentes en este volumen es aquella del inglés de la India. En concreto, Chennai es la capital del estado de Tamilnadu, en el sur del citado país, lugar del cual es oriundo el orador. Es una ciudad multilingüe y la razón de que el inglés sea la lengua dominante, ampliamente hablada en todos los ámbitos de la vida. En inglés de la India cuenta con ciertas palabras y expresiones propias y únicas de la región. El tamil es la lengua oficial en Chennai, de ahí que el inglés hablado en esta ciudad pueda tener un acento y una entonación distintivos influidos por la fonética tamil. La pronunciación del inglés en India puede variar según la región y el trasfondo lingüístico de las personas. Sin embargo, hay algunas características generales que a menudo se asocian con la pronunciación del inglés en India:

1. Acento y ritmo: Los hablantes de inglés en India suelen hablar con un ritmo más pausado en comparación con el inglés hablado en otras regiones. Esto se debe en parte a la influencia de las lenguas locales, que tienden a tener ritmos más lentos.

2. Pronunciación de las vocales: En India, las vocales tienden a ser más claras y distintivas en comparación con el inglés de algunas otras regiones. Las vocales suelen pronunciarse más largas y con menos contracciones. Por ejemplo, "cat" puede sonar más como "keht".

3. Aspiración de consonantes: En algunas regiones de India, se tiende a aspirar las consonantes, lo que significa que se pronuncian con un soplo de aire. Esto puede afectar la pronunciación de las consonantes al principio y al final de las palabras.

4. Influencia fonética de lenguas locales: Algunos hablantes de inglés en India pueden tener influencias fonéticas de las lenguas locales, lo que puede llevar a pronunciaciones únicas. Por ejemplo, es común que la "v" y la "w" se pronuncien de manera similar.

5. Retroflejas: En algunas partes de India, las consonantes retroflejas, como "t" y "d", se pronuncian con la lengua doblada hacia arriba y tocando el paladar. Esto puede hacer que las palabras suenen distintas a los hablantes de inglés de otras regiones.

6. Inglés británico vs. inglés estadounidense: En general, el inglés indio tiende a mostrar una mayor influencia del inglés británico en términos de vocabulario y pronunciación. Sin embargo, debido a la globalización y la exposición a diferentes acentos, es común encontrar hablantes de inglés indios que adoptan pronunciaciones más cercanas al inglés estadounidense.

Es importante recordar que la pronunciación del inglés puede variar significativamente en India debido a su diversidad lingüística y cultural. Los hablantes de inglés en India pueden provenir de diferentes regiones y tener antecedentes lingüísticos diversos, lo que contribuye a la variabilidad en la pronunciación.

Igualmente, todos los discursos contendrán unidades de medidas utilizadas en países hispanohablantes (como litros, kilómetros, etc.) y anglófonos (como pies, pintas, etc.) para que los alumnos puedan practicar, no solo la toma de nota de cifras durante el proceso de interpretación, sino las conversiones durante el proceso de interpretación. Asimismo, cada conferencia contiene un breve glosario propio de una selección de términos y frases que se encuentran señaladas en los discursos en cursivas. Esto es con el fin de facilitar la interpretación de la terminología más compleja o no fácilmente conocida.

Finalmente, el volumen se cierra con un glosario de chilenismos, donde se describe el significado de los mismos.

CONFERENCIAS

Conferencia 1
Descripción y organización
geopolítica de Chile

Imágenes

Izq. superior e inferior: La Serena (Región de Coquimbo)
Superior derecho: Punta Arenas (Región de Magallanes)
Inferior derecho y centro: Los Queñes (Región de El Maule)

Conferencia 1

DESCRIPCIÓN Y ORGANIZACIÓN GEOPOLÍTICA DE CHILE

Orador en inglés: Andrew Philominraj, Chennai, India.
Orador en español: Amaya Fuenzalida Gutiérrez, Talca, Chile.

Discurso disponible aquí:

Good morning to all. We warmly welcome you to the first talk of a new seminar series of the Department of History and Tourism, organized by our university, which highlights the cultural patrimony of different countries around the world. This term's selected country is Chile so you will be able to attend eleven talks that aim to give you a sense of its people, geography, natural wealth, language, customs, and traditions. Today, we present our World Travel master class to promote the cultural legacy of this beautiful country in the Southern Cone of America called Chile, taught by Professor Marianela Lazarus, who has been touring the Chilean territory for more than ten years and has vast experience in cultural studies in Latin America. Professor Marianela Lazarus, it is a pleasure to have you here today. We welcome her to the stage with a big round of applause.

Buenos días a todos y muchas gracias por la invitación a dar esta charla. Hoy me gustaría hablarles de la *descripción y organización geopolítica* de Chile. Mi conferencia se estructurará como sigue: en primer lugar, describiré los límites geográficos de Chile, seguido de sus lenguas, *composición étnica, y moneda.* Seguidamente, abordaré la organización del territorio en regiones; y, finalmente, me centraré en la capital del país, Santiago de Chile, y sus monumentos más importantes.

Chile es un país ubicado en Sudamérica y por sus características geográficas tiene una extensión de norte a sur de más de *4.000 Km.* Su superficie total incluye la *Isla Salas y Gómez, la Isla de Pascua* (en la Polinesia) y el *Archipiélago de Juan Fernández.* Chile es un país considerado tricontinental, debido a su presencia en el continente Sudamericano, Oceánico y Antártico. Chile limita al norte con Perú, al este con Bolivia y Argentina, al oeste con el Océano Pacífico, y al Sur con el Océano y el continente Antártico.

El idioma oficial y administrativo en Chile es el español, llamado también castellano, por haber formado parte de la *Corona de Castilla* durante la publicación de los *Decretos de Nueva Planta* en la *época virreinal*. Además, según la Ley Indígena promulgada en 1993 existen *lenguas autóctonas*, las cuales cuentan con reconocimiento oficial para su uso y conservación en las zonas en que se utilizan, pero en la realidad existe solo una *minoría étnica* que las habla actualmente.

En la composición étnica de los chilenos predominan los blancos y los mestizos. Los primeros proceden de la *antigua inmigración española* y de las europeas producidas en los siglos posteriores. Los *mestizos* son el resultado de la mezcla de "principalmente" *castellanos, extremeños y vascos* con los pueblos indígenas como los *pueblos chango, picunche, atacameño, diaguita y mapuche*.

Debo destacar que la moneda oficial del país es el peso chileno. Hasta la fecha, se emiten billetes de 1.000, 2.000, 5.000, 10.000 y 20.000 pesos. Las monedas son de 1, 5, 10, 50, 100 y 500 pesos, aunque las de 1 peso están en vías de desaparición, y las de 5 y 10 circulan muy poco. Actualmente, 1.000 pesos chilenos equivalen aproximadamente a 1 euro.

El territorio de Chile está organizado en unidades territoriales denominadas regiones. Actualmente, existen dieciséis regiones, y todas las regiones tienen un número romano que las identifica. La zona norte de Chile es la designación general dada a las regiones chilenas de Arica y Parinacota, Tarapacá, Antofagasta, Atacama, Coquimbo y norte de la región de Valparaíso, caracterizadas por clima seco y desértico en las *regiones más septentrionales*, por efecto del desierto de Atacama, y *semiárido-templado mediterráneo* a medida que se acerca a la zona central del país.

La zona sur de Chile, la cual se inicia a partir de la región de la Araucanía y termina aproximadamente en el Seno de Reloncaví. Más al sur, se encuentra la zona austral de Chile que coincide con la Patagonia chilena, ubicada en la Región de Aysén, la Región de Magallanes y la Antártica Chilena. Esta zona es de clima templado subantártico con elementos de la Patagonia en el extremo sur y en algunas zonas bajas de la cordillera de los Andes.

Por su parte, las regiones de la zona centro de Chile comprenden la mitad sur de la región de Valparaíso y las regiones Metropolitana, O'Higgins, El Maule, Ñuble y Biobío. Esta es la zona más poblada e importante del país, pues concentra el 79 % de la población total de Chile, además de la mayor parte de la actividad económica y los *poderes ejecutivo, legislativo y judicial* de la Nación. Esta zona se encuentra localizada entre los ríos Aconcagua por el norte y Biobío en su límite sur. Es importante también destacar que la zona central del país se caracteriza por tener un clima predominantemente *mediterráneo y de tipo templado*. En esta zona se encuentra la capital de Chile, llamada Santiago de Chile o, sencillamente, Santiago. Se trata de la principal ciudad del país, y está ubicada en el centro geográfico del país. La mayoría de la población de Chile se concentra en esta ciudad, ya que es el centro económico y administrativo de todo Chile. Santiago cuenta con una extensión de casi 1.000 km², y aloja a los principales organismos políticos, comerciales y culturales. Además, ocupa el puesto número 7 de la lista de las áreas metropolitanas más pobladas de Latinoamérica.

En la capital hay muchos monumentos que son interesantes de conocer, ya que hablan sobre los inicios y las trasformaciones de la ciudad. Dentro de estos se encuentran el *Palacio de la Moneda*, el cual es la sede de la Presidencia de la República de Chile y alberga además las *dependencias del Ministerio del Interior*, de la *Secretaría General de la Presidencia, de la Secretaría General de Gobierno y del Ministerio de Desarrollo Social*.

En Santiago de Chile también encontramos la *Plaza de Armas*; este monumento se encuentra en el centro de la ciudad. Y está estrechamente ligado a la historia de la ciudad, y del país, ya que fue en este punto donde el *conquistador Pedro de Valdivia* fundó el 12 de febrero de 1.541 Santiago del Nuevo Extremo. En la ciudad, también destaca el edificio conocido como el ex *Congreso Nacional*. Este edificio sobresale por ser una verdadera maravilla arquitectónica y una de las construcciones más bellas de Santiago.

Esto es todo lo que hoy les puedo contar de este bello país. Espero que pronto se animen a visitarlo, a la par que hayan disfrutado mi charla. Quedo atenta a preguntas.

Thank you very much Professor Marianela Lazarus for this very interesting talk, from which we have all learned so much. Attendees are reminded that you can email questions to Professor Lazarus at the address displayed on her slide on the board. I also remind you that this is the first of a series of talks on the cultural legacy of Chile. Our next talk will be about the Biodiversity of Chile and it will take place next Wednesday afternoon. In order to attend, you must register through our website. Thank you all very much for your attention and now, we can continue with a round of questions.

Propuesta de equivalencias al inglés (de los términos marcados en cursiva en el discurso en español):

— 4,000 Km: 2,485.485 miles
— Antigua inmigración española: Former Spanish Immigration
— Archipiélago de Juan Fernández: Juan Fernandez Archipelago
— Castellanos, extremeños y vascos: Castilians, Extremadurians and Basques
— Composición étnica, y moneda: Ethnic composition and currency
— Conquistador Pedro de Valdivia: Conquerer Pedro de Valdivia
— Corona de Castilla: Crown of Castile
— Decretos de Nueva Planta: Decree of the New Nation
— Dependencias del Ministerio del Interior: Departments of the Ministry of the Interior
— Descripción y organización geopolítica: Geopolitical description and organisation
— Época virreinal: Vice-royal period
— Ex Congreso Nacional: Former National Congress (building)

— Isla de Pascua (en la Polinesia): Easter Island (in the Polynesia)
— Isla Salas y Gómez: Salas and Gomez Island
— Lenguas autóctonas: Indigenous languages
— Mediterráneo y de tipo templado: Mediterranean and temperate types
— Mestizos: Half breeds or Mixed breeds
— Ministerio de Desarrollo Social: Ministry of Social Development
— Minoría étnica: Ethnic minority
— Palacio de la Moneda: Government Palace
— Plaza de Armas: Main Square
— Poderes ejecutivo, legislativo y judicial: Executive, legislative and judicial powers
— Pueblos changos, picunche, atacameño, diaguita y mapuche: Chango, Picunche, Atacameño, Diaguita and Mapuche peoples
— Regiones más septentrionales: Northernmost regions
— Secretaría General de Gobierno: General Secretariat of Government
— Secretaría General de la Presidencia: General Secretariat of the Presidency
— Semiárido-templado mediterráneo: Semiarid-temperate Mediterranean

Conferencia 2
Biodiversidad de Chile

Imágenes

Izq. superior: Pingüinos de Humbolt (Punta Arenas)
Izq. inferior: Gaviota (Punta Arenas)
Centro: Keules (El Maule)
Derecho superior: Medusa (Arica)
Derecho inferior: Mariposa nocturna, polilla (Licantén)

BIODIVERSIDAD DE CHILE

Orador en inglés: Andrew Philominraj, Chennai, India.
Orador en español: Diego Troncoso Villagra, Linares, Chile.

Discurso disponible aquí:

Chile, like many other isolated and remote places, has unique and special landscapes. With a touch of subtle antiquity, many of Chile's landscapes recall past eras, so it is not difficult to imagine dinosaurs, mammoths, and a whole sort of extinct animals strolling through its forests, meadows and plains while contemplating them on a sunny afternoon. Chile's isolation becomes evident from the moment you arrive in the country. Its "continental island" features have shaped not only nature but also humans living there, who, despite being recent colonisers of these remote lands, have felt the isolation, and created their unique worldview. This has made Chileans to actively interact with its geography and biodiversity, which, being so unique and special, have shaped the personality of these human beings living in what we call "the last corner of the world".

Welcome to the second talk of our seminar series on Chile and with this beautiful prelude let us welcome Dr Enrrico Ortega on the stage. Dr Ortega will talk to us about the natural wonders of his beautiful country. The floor is yours!

¡Buenas tardes! Muchas gracias por estar aquí hoy. Mi presentación se va a dividir en dos grandes bloques: en primer lugar, presentaré los ecosistemas de Chile en función de su posición geográfica; en segundo lugar, me ocuparé de las especies locales. ¡Empecemos!

Cuando viajan a Chile desde Europa, África, Norteamérica o de algún país vecino, lo primero que les va a llamar la atención es que cuando estás llegando a Chile les van a dar un aviso sobre todas las medidas de bioseguridad que deben cumplir para poder entrar al país. ¿Por qué existen estas *medidas de bioseguridad* en Chile? Fundamentalmente porque Chile es un país que tiene *ecosistemas* altamente únicos y que deben ser protegidos debido a su *vulnerabilidad* frente a la introducción de *especies foráneas* o enfermedades fitosanitarias. De esta forma, la llegada de animales, plantas u otros organismos desde fuera de su territorio puede ser complicado y peligroso para las especies locales.

La razón de esta evidente fragilidad de los ecosistemas de Chile tiene que ver con su posición geográfica. Resulta que Chile, a pesar de ser un país continental, se encuentra rodeado por una serie de barreras geográficas naturales, lo que transforma al país en una especie de "Isla Biogeográfica", que hace que los ecosistemas de Chile estén aislados y que presenten altos grados de aislamiento en relación con ecosistemas de países vecinos. Las barreras geográficas, y que evitan la dispersión de organismos desde y hacia su territorio, que presenta Chile son: el océano Pacífico al Oeste, el desierto de Atacama al norte, la cordillera de los Andes al Este y el Océano Antártico al Sur. Como resultado, por ejemplo, Chile no tiene ecosistemas tropicales como se suele imaginar (por ejemplo, selvas lluviosas), sino que tiene sólo una pequeña franja de vegetación tropical en la zona Norte que ocurre a más de *2.000 metros* de altura.

Estas características geográficas hacen que Chile tenga una biodiversidad rica y única, ya que además de las barreras geográficas que lo caracterizan, el amplio gradiente latitudinal que abarca el territorio chileno, con más de *4.000 km* desde el extremo Norte al extremo Sur, hace que exista una gran variedad de ecosistemas a lo largo del país. De esta forma, en Chile se puede encontrar la zona Desértica del Norte, la Mediterránea del Centro, la SubAntártica del Centro y Sur y la de montaña en las alturas de la *cordillera de los Andes* al lado Este del país.

A esto se suma una gran *diversidad marina* que ocurre a lo largo de toda la costa Oeste de Chile y de sus *islas oceánicas*, (Islas Las Desventuradas, San Félix y San Ambrosio, Archipiélago de Juan Fernández, y Rapa Nui – Isla de Pascua). Esta amplia variedad de ambientes favorece la existencia de especies endémicas, alrededor del 25% del total de las casi 33.000 especies de animales, plantas u *hongos*, entre otras, únicas en el mundo. Debido a esto, la zona centro sur del país es considerada como una zona de alta biodiversidad, también conocida como "Hotspot", siendo la única zona de estas características reconocida en el país.

Dentro de sus *especies endémicas* destacan muchas *especies icónicas* como el *Gomortega keule*, árbol endémico del centro de Chile; *Chiasognathus grantii,* un *escarabajo* llamado *ciervo volante*; *Rhinoderma darwinii* o ranita de Darwin. En cuanto a reptiles, en Chile se puede encontrar la especie conocida como el *"lagarto gruñidor"* de los bosques de Chile central, además del "lagarto chillón" de llamativo *color verdeazulado*. En cuanto a peces, tenemos el pez de agua dulce llamado "puye". Dentro de las especies de aves, uno de los más raros es el *picaflor gigante* ¡de más de *20 cm* de longitud! Y, como mamífero, destaca un *marsupial* de los bosques de Chile, *nocturno* y muy difícil de observar en la naturaleza.

Es importante recalcar que la biodiversidad en Chile no sólo es importante *per se*, sino que además representa un patrimonio *eco-cultural* que pertenece a todos los habitantes del territorio chileno y también al mundo. Más aun, es extremadamente importante considerar lo que la biodiversidad aporta a la naturaleza, como la *disponibilidad de agua dulce*, el *reciclaje de materia orgánica* o *la regulación de la temperatura*, por ejemplo. Además, posee un valor estético importante, ya que la vegetación, por ejemplo, cambia los paisajes y se trasforman en lugares admirados tanto por chilenos como por visitantes extranjeros. Finalmente, es importante señalar que de la conservación y *manejo sustentable* de la biodiversidad dependen además procesos tan importantes como el desarrollo económico y social del país.

Thank you very much Dr Enrrico Ortega for such an interesting talk! It has been fascinating to hear about the country's rich biodiversity, and it is also very comforting to learn that you look after it well through measures that prevent dangerous species from finding a way into the country. Afterward, there will be a break for a tasting of local Chilean wine from the vineyards of the Maule Region, also known as the Napa Valley of the Southern Cone. In concrete terms, we have more than 100 pints of wine given to our attendees by a local cellar. Thank you all for coming and please register for our next seminar to be presented by Ms. Joanna Cornelius on Friday. Bye for now!

Propuesta de equivalencias al inglés:

— 2.000 metros: 6,561.68 feet
— 20 cm: 7.87 inches
— 4.000 km: 2485.485 miles
— Ciervo volante: Flying deer
— Color verdeazulado: Blue-green color
— Cordillera de los Andes al lado Este del país: Andes Mountains on the eastern side of the country
— Disponibilidad de agua dulce: Freshwater availability
— Diversidad marina: Marine Diversity
— Eco-cultural: Eco Cultural
— Ecosistemas: Ecosystem
— Escarabajo: Beetle
— Especies endémicas: Endemic species
— Especies foráneas o enfermedades fitosanitarias: Alien species or plant health diseases
— Especies icónicas: Iconic species
— Hongos: Fungus-mushrooms
— Islas oceánicas: Ocean Islands
— Lagarto gruñidor: Snarling lizard
— Manejo sustentable: Sustainable management
— Marsupial: marsupial (a type of mammal)
— Medidas de bioseguridad: Biosecurity measures

— Nocturno: Nocturnal (night)
— Picaflor gigante: Giant hummingbird
— Reciclaje de materia orgánica: Recycling of organic matter
— Regulación de la temperatura: Temperature regulation
— Selvas lluviosas: Rain forests
— Vulnerabilidad: Vulnerability

Conferencia 3
Lugares turísticos de Chile

Imágenes

Izq. superior: Cueva del Milodón (Punta Arenas)
Izq. inferior: Torres del Paine (Punta Arenas)
Derecho superior: Laguna del Maule (El Maule)
Derecho inferior: La Puntilla (Pichilemu)

Conferencia 3
LUGARES TURÍSTICOS DE CHILE

Orador en inglés: Andrew Philominraj, Chennai, India.
Orador en español: Elizabeth Solange Mejías Sáez, San Javier, Chile.

Discurso disponible aquí:

Good afternoon and welcome to the third talk of our seminar series on Chile. A collaborator and friend of our Faculty, Ms. Joanna Cornelius, will present today's talk. Ms. Cornelius is a world-famous tour guide, known for her extraordinary documentaries and numerous successful expeditions in remote places of Chile. She will delight us with a description of her favourite places to visit in Chile, which we are sure will help you plan your next trip to South America. That's all I have to say—the floor is yours.

¡Muchas gracias por la tremenda presentación! Para mí es un honor estar con ustedes hoy y charlarles sobre mis lugares favoritos para visitar en Chile. En mi presentación iré recorriendo el país de norte a sur, y más concretamente, me detendré en las siguientes regiones del país: San Pedro de Atacama, *Valle del Elqui*, Isla de Pascua, Valparaíso, *Isla de Chiloé* y *Torres del Paine*.

La verdad es que las características geográficas de Chile nos invitan a conocer los destinos más turísticos del país. Así que comenzaremos por uno de los encantos y particularidades más impresionantes de Chile, como es San Pedro de Atacama. San Pedro de Atacama es una ciudad que se encuentra en la región de Antofagasta, y es una visita imperdible gracias a su importancia arqueológica. En concreto, San Pedro de Atacama se encuentra a unos 1600 Km al norte de la capital de país, Santiago de Chile. En San Pedro, la cercanía con el vecino país de Bolivia *juega un papel preponderante*, pues es el famoso fenómeno del *invierno boliviano* el que ha dado origen a una de las regiones más ricas en vegetación, incluso siendo lugar de especies que no se ven en el resto del país. Deben saber que aquí nace y se mantiene una cultura propia, conocida como la *cultura atacameña* que, gracias a diferentes influencias culturales como la *inca*, tiene un valor arqueológico invaluable en la zona. Por ello, aquí se pueden ver diferentes formaciones de la *arquitectura prehispánica*, con arte de la época y las huellas de la actividad volcánica en el *Valle de la Luna* o Valle de la Muerte.

Otro de los lugares para visitar en Chile siempre será el Valle del Elqui. Esta *cuenca*, formada en la *cordillera*, cuenta con uno de los ríos más emblemáticos de la *vida fluvial* del país. El nombre Valle del Elqui proviene del *quechua* y significa "delgado", lo que hace alusión a la forma como eran catalogados los niños pequeños y débiles de la comunidad. Esto también tiene que ver con el hecho de que el *caudal del río* generalmente es bastante débil, hasta la primavera, cuando comienza el *deshielo* en la *Cordillera de los Andes*. Gracias a su cercanía con las aguas de río y la cordillera, tiene un terreno tremendamente *fértil* y de gran verdor. Entre los atractivos turísticos del Valle del Elqui, deben visitar el *Observatorio Turístico de Mamalluca* y el Observatorio Cerro Tololo. Ambos observatorios cuentan con una ubicación privilegiada en la cordillera, alejados de la ciudad y más bien conectados con la naturaleza, lo que permite que los cielos del valle se mantengan *despejados*.

Ahora, continuando el viaje por los destinos turísticos de Chile nos vamos al centro del país, en el océano Pacífico, lugar donde encontramos a la inigualable *Isla de Pascua*. Esta Isla es el segundo territorio poblado más distante en el mundo, ubicado a más de *12.000 km* al oeste del país, y se considera parte del continente Oceanía a pesar de ser territorio chileno. Fue descubierta en 1722, y recibe su nombre, pues el día de su *descubrimiento* era precisamente la *Pascua de Resurrección*, y su nombre nativo es *Rapa Nui*. La isla destaca por ser conocida por los *moais*, los cuales son una representación de los antepasados de los *habitantes nativos* de la isla. Durante febrero en Rapa Nui, tiene lugar el *festival de cultura polinésica* más grande del mundo llamado Tapati. El Tapati es una fiesta que rinde homenaje a las tradiciones del pueblo Rapa Nui, mezclando competencias físicas con tradiciones culturales que incluyen bailes y comidas típicas. ¡No se lo pueden perder!

Otro de los lugares que no puede faltar en una visita a Chile, es el puerto de Valparaíso. Se encuentra a unos *100 km* al noreste de Santiago de Chile. Este puerto es el punto marítimo de mayor relevancia en el país y por donde más personas y mercancía arriban al año. Los alrededores del puerto son sumamente alegres y movidos, siendo dos de sus mayores encantos los olores y sabores de las cocinas que están protagonizadas por productos de mar tales como pescado fresco.

Ahora continuando el viaje, llegamos a la región de Los Lagos para conocer la Isla de Chiloé, que se localiza a unos 1200 km al sureste de Santiago de Chile. Esta isla califica como la segunda isla más grande del continente y es, además, una de las pocas costas vírgenes del país, cuyos paisajes se mantienen sin ningún tipo de intervención humana. Aquí también pueden detenerse a fotografiar los *palafitos*. Estas son unas *construcciones rudimentarias* de madera que reposan sobre el agua, acompañadas de *capillas* e iglesias de los siglos XVIII y XIX, y que figuran como *Patrimonio de la Humanidad de la UNESCO* por su antigüedad. Los palafitos fueron creados durante el siglo XI como una forma de aprovechar la costa sin desmejorar la naturalidad de la isla ni retirar las aguas para poblar. Al día de hoy, son el hogar de los *isleños* porque los ayuda a mantener contacto con el mar, por lo que no es extraño verlos pescando desde sus *patios*. En los últimos años y gracias a la popularidad turística de la isla, muchos de los palafitos se han convertido en restaurantes, galerías de arte, posadas y hoteles, que ofrecen vistas al mar y actividades acuáticas a las *orillas del muelle*.

Finalmente, al extremo sur de Chile, específicamente en la región de Magallanes y la Antártida encontramos las imponentes Torres del Paine. Este parque nacional fue declarado *Reserva de la Biosfera gracias a la UNESCO en 1978* y desde entonces se ha transformado en uno de los lugares turísticos más importantes de Chile. Aquí pueden disfrutar de una variedad de *fenómenos geográficos* y naturales sumamente atractivos, como *macizos*, lagos con aguas turquesa, algunos icebergs, ríos, bosques y hasta *pampas*, donde tiene lugar el *avistamiento* de una importante cantidad de especies de fauna nacional como los *pingüinos* de la Patagonia. El parque cuenta con numerosos senderos demarcados para hacer caminatas, siendo uno de sus mayores encantos el poder disfrutar de un atardecer desde las alturas de alguno de los macizos.

Les invito a visitar todos estos lugares que serán, sin duda, un recuerdo inolvidable para ustedes. Con esto finalizo mi intervención y *quedo a su disposición para cualquier pregunta* que deseen realizarme.

Many thanks, Ms. Joanna Cornelius for a wonderful presentation of your favourite places in Chile. We hope that, in addition to learning more about Chile, your talk will motivate us all to travel to that beautiful (and long!) country. It will certainly help me plan my next summer trip to South America! Thank you again for your time and presentation. And please remember to sign up for our next talk on indigenous communities of Chile. Now we can proceed with a round of questions.

Propuesta de equivalencias al inglés:

— 100 km: 62.1371 miles

— 12,000 km: 7,456.4543 miles

— Arquitectura prehispánica: Pre-hispanic architecture

— Avistamiento: Sighting

— Caminatas: Walks – Trekking - Hikes

— Capillas: Chapels

— Caudal del río: Riverflow

— Construcciones rudimentarias: Rudimentary buildings

— Cordillera de los Andes: Los Andes mountains

— Cordillera: Mountain range

— Cuenca: Watershed - riverbasin

— Cultura atacameña: Atacama or Atacameño culture

— Descubrimiento: Discovery

— Deshielo: De-icing – Defrost
— Despejados: Cleared
— Fenómenos geográficos y naturales: Geographical and natural phenomena
— Fértil: Fertile
— Festival de cultura polinésica: Polynesian culture festival
— Habitantes nativos: Native inhabitants
— Inca: Inca (natives of Peru)
— Invierno boliviano: Bolivian Winter
— Isla de Chiloé: Chiloe Island
— Isla de Chiloé: Chiloe Island
— Isla de Pascua: Easter Island
— Isleños: Islanders
— Juega un papel preponderante: Plays an important role
— Macizos: Clumps
— Moais: Moais (statues found in Easter Island)
— Observatorio Turístico de Mamalluca y el Observatorio Cerro Tololo: Mamalluca Tourist Observatory and Cerro Tololo Observatory
— Orillas del muelle: Shores of the dock
— Palafitos: Stilt houses
— Pampas: Pampas (the large, flat areas of land covered in grass in parts of South America)
— Pascua de Resurrección: Easter
— Patios: Courtyards
— Patrimonio de la Humanidad de la UNESCO: UNESCO World Heritage Site
— Pingüinos: Penguins
— Quechua: Quechua (language spoken by native Americans)
— Quedo a su disposición para cualquier pregunta que deseen realizarme: I remain at your disposal for any questions you may have.
— Reserva de la Biosfera gracias a la UNESCO en 1978: Biosphere Reserve thanks to UNESCO in 1978
— Torres del Paine: Paine Towers
— Valle de la Luna o Valle de la Muerte: Valley of the Moon or Valley of Death
— Valle del Elqui: Elqui Valley
— Vida fluvial: River life

Conferencia 4
Pueblos originarios de Chile

Imágenes

Izq. superior: Bandera del Pueblo Mapuche
Izq. inferior: Bandera del Pueblo Chango
Medio superior: Bandera del Pueblo Selkman
Derecha superior: Bandera Wiphala
Medio derecha: Bandera del Pueblo Kawésqar
Derecha inferior: Bandera del Pueblo Diaguita

Conferencia 4

PUEBLOS ORIGINARIOS DE CHILE

Orador en inglés: Andrew Philominraj, Chennai, India.
Orador en español: Juan Cristóbal Alfaro, San Javier, Chile.

Discurso disponible aquí:

¡Buenos días! Good morning in Spanish!
¡Mari Mari! Good morning in Mapuzungun!
¡Suma uru! Good morning in Aymara!
¡Ali pundza! Good morning in Quechua!
Yes! You guessed correctly! Today's talk of our seminar series is about indigenous communities in Chile. There is much to be learned from this highly diverse country and the many ethnicities that have populated its lands over the years. Dr Michael Pinot will briefly describe some cultural traits of the Aymara community, the Diaguitas, the Mapuches, the Kawésqar, and the Yaganes. Dr Michael Pinot is an expert in Indigenous Studies and himself a member of the Mapuche community. Get ready for a fascinating lecture on Chile's cultural diversity!

¡Mari Mari! Muchas gracias por la invitación. A continuación, les conversaré sobre algunos de los Pueblos Indígenas originarios de Chile para que puedan conocer su historia, cultura y territorio. Les presentaré, por este orden, a los Mapuches, los Aymaras, los Diaguitas, los Kawésqar y los Yáman.

Comenzaré con el pueblo originario más numeroso de Chile, los Mapuches. Las comunidades mapuches actualmente se localizan en el norte del país (región del Biobío) y hasta Chiloé, región de Los Lagos, por el sur. El patrimonio cultural mapuche es muy vasto, y en su forma inmaterial está constituido, entre otros aspectos, por la lengua mapudungún, por el conocimiento de la naturaleza y la relación entre los hombres, la oralidad, y las *prácticas espirituales y de sanación*, así como también por prácticas y creencias religiosas.

Seguiré con los Aymaras. Ellos son el segundo pueblo indígena más numeroso de Chile después del mapuche, y son identificados en la actualidad por su lengua, su cultura andina y las tierras que habitan, en las regiones de Arica y Parinacota, Tarapacá y Antofagasta. Entre las expresiones artísticas Aymaras destaca el *arte textil* que es conocido por su *excelencia técnica* y *fineza*, principalmente destinado al *vestuario ceremonial*. La música y el baile son dos expresiones culturales muy importantes para este pueblo, mientras que las joyas y objetos de uso ritual es otra forma de arte en la que destaca este pueblo originario.

Otro de los pueblos originarios sobre los que les quiero hablar son los Diaguitas. Antes de la llegada de los españoles, ambos costados de la *Cordillera de los Andes* eran habitados por los Diaguitas. Este pueblo originario ocupó principalmente zonas de las regiones de Atacama y Coquimbo. Es en el *Valle del Huasco*, donde resurge el reconocimiento de los diaguitas en el año 2006, para incorporarlos como pueblo originario de Chile. Dentro de sus *artesanías* destaca la *alfarería* a través de *cántaros* y *vajillas*, y la *producción textil* siendo estas dos de sus prácticas artesanales más importantes y reconocidas.

Más al sur se encuentran los Kawésqar, se estima que este pueblo originario llegó hace unos 6.000 años. Las teorías del poblamiento plantean que procedían del norte, y arribaron siguiendo la ruta de los canales desde Chiloé. También podrían provenir desde el sur, teniendo su origen en las *poblaciones cazadoras* de la *Patagonia Oriental*, que se hicieron *navegantes*. En su origen, fueron un grupo que se desplazaba en *canoa* (también llamados canoeros), *nómada*, *cazador* y *recolector*, y se localizan en Puerto Edén y la ciudad de Punta Arenas, en la región de Magallanes y la Antártica Chilena. Sus *adornos* fueron *collares de conchas y plumas*, y su vestimenta era una *capa de cuero* cuyo material variaba de acuerdo al territorio, y dibujaban su rostro y cuerpo con rayas y motivos geométricos.

Por último, el pueblo más austral de Chile recibió el nombre de Yámana o Yagán. Este fue un pueblo de canoeros que ocuparon las islas al sur de Tierra del Fuego, cuyas últimas familias se asientan hoy en la región de Magallanes. La canoa fue central en su forma de vida, y se construía a partir de la *corteza* completa de un árbol, recortada y *modelada* como una *góndola*. Los Yaganes se caracterizaban por ser el pueblo nómada que desarrolló actividades de caza, pesca y recolección.

Con esto finalizo mi intervención y espero que les haya gustado descubrir un poco de la historia en torno a nuestros pueblos originarios. Gracias.

What a wonderful talk! Thank you, Dr Michael Pinot, for such an interesting presentation. It certainly helps to raise some cultural sensitivity among us all and inspires us to dig deeper into the cosmovision of the different indigenous communities of your country. Please remember to send your questions to Dr Pinot via email and don't forget to sign up for the next talk! I would like to remind you that at 18.00 a guided tour of the city centre of Santiago de Chile has been organised. The meeting point is the main entrance of the Casa de la Moneda, which is 2 miles from our current location. To get to the meeting point, you can take bus number 4. Thank you and see you later!

Propuesta de equivalencias al inglés:

— Adornos: Ornaments

— Alfarería: Pottery

— Arte textil: Textile art

— Artesanías: Handicrafts

— Canoa: Canoe

— Cántaros: Jugs

— Capa de cuero: leather coat

— Cazador: Hunter

— Collares de conchas y plumas: Shell and feather necklaces

— Cordillera de los Andes: Andes mountains

— Corteza: Cortex - Crust

— Excelencia técnica: Technical excellence

— Fineza: Fineness

— Góndola: gondola (a narrow boat)

— Modelada: Shaped

— Navegantes: Sailors

— Nómada: Nomad

— Patagonia Oriental: Eastern Patagonia

— Poblaciones cazadoras: Hunting population

— Prácticas espirituales y de sanación: Spiritual and healing practices

— Producción textil: Textile Production

— Recolector: Collectors

— Vajillas: Tableware

— Valle del Huasco: Huasco Valley

— Vestuario ceremonial: Ceremonial dress

Conferencia 5
Música y cantautores
chilenos

Conferencia 5

MÚSICA Y CANTAUTORES CHILENOS

Orador en inglés: Andrew Philominraj, Chennai, India.
Orador en español: Catalina Rosales Rojas, Talca, Chile.

Discurso disponible aquí:

Sing with me! Gracias a la vida, que me ha dado tanto ♪♫♪

Yes! We all know that song, right? Today we'll dive into the musical culture of Chile thanks to Dr Carlota Valdín who will present a selection of her favourite Chilean singers, bands, and songwriters, like Violeta Parra. Dr Valdín is herself an amazing violinist and the Cultural Attaché at the Embassy of Chile in Spain and today she brings arts into the spotlight of our seminar series. Please put your hands together for Dr Carlota Valdín!

¡Buen día a todos y todas! El seminario de hoy vamos a descubrir la música chilena y sus principales cantautores. Comenzaremos con una gran mujer, Violeta Parra, y seguiremos, por este orden, con Víctor Jara, el grupo Los Jaivas y Claudio Arrau. Cerraré mi intervención también con otra mujer, Mahani Teave Williams.

Para comenzar hablaremos de una de las mayores *cantautoras* de Chile, cuyo nombre es Violeta Parra (1917-1967). Violeta *constituye un referente* de la *música popular chilena* para el mundo. Fue hija de una familia tradicional del sur de Chile y vivió su infancia en distintas localidades de la zona de Chillán, localidad a 400 km al sur de Santiago de Chile, lugar donde tuvo sus primeras experiencias artísticas.

Gran parte del movimiento musical chileno generado desde la década del cincuenta, tuvo en Violeta Parra y su familia un punto de partida. Con estrechos lazos con el movimiento conocido como *Nueva Canción Chilena*, Violeta reflejó también la evolución del canto popular a través de los distintos espacios en que los que *se desenvolvió*. Sus *composiciones* y recopilaciones, además, fueron un punto de referencia para el posterior desarrollo de la música nacional, transformándose en la principal figura de la historia del *folclor chileno*. Su obra pudo llegar al público masivo gracias a la efectiva relación que tuvo la artista con la *industria musical*, convirtiéndose así en un ejemplo de cómo la industria y el arte pueden tener una *relación armoniosa*.

Esta relación también la cultivó el cantautor Víctor Jara (1932-1973), quien fue su *discípulo*. En 1957, Víctor Jara entró en la Escuela de Teatro de la Universidad de Chile, época en la que conoció a Violeta Parra. En 1960 recibió el título de *director teatral* y pasó a formar parte del directorio del *Instituto del Teatro* de dicha casa de estudios. Jara dirigió varias obras de teatro, y obtuvo el *Premio Laurel de Oro* como mejor director del año. En 1967, recibió otro premio por su dirección teatral en Gran Bretaña, y estando allí compuso una de sus canciones más conocidas titulada "Te recuerdo Amanda", dedicada a sus padres Amanda y Manuel. En 1970 publicó "Canto libre", "El derecho de vivir en paz" y "La población", creaciones de gran belleza y fuerza poética que lo convirtieron en uno de los máximos exponentes del *resurgimiento* y la innovación de la canción popular en Latinoamérica.

En esa misma época, hacen su aparición en la escena musical chilena el grupo Los Jaivas, una banda de rock chilena, destacada por la combinación de *rock psicodélico* y *rock progresivo* con *instrumentos* y *ritmos folclóricos* latinoamericanos especialmente *andinos*. Este grupo musical se presentó por primera vez en mayo de 1970, en la sala de La Reforma de la Facultad de Artes de la Universidad en Chile y aún se encuentran activos, presentándose de forma periódica en conciertos que llenan estadios y teatros.

Ahora, dentro de los músicos más prestigiosos en Chile a nivel instrumental, tenemos al pianista Claudio Arrau (1903-1991). Este pianista chileno fue mundialmente conocido por sus *profundas interpretaciones* de un *repertorio* que *abarcó* desde la *música barroca* hasta obras de música contemporánea. Nacido en Chillán, *sus primeros pasos en el mundo de la música* los dio junto a su madre. La capacidad de Arrau fue tal, que a los 5 años realizó su primer concierto en el Teatro Municipal de Chillán. Hacia 1909, completó una serie de *audiciones* ante *congresistas* y el Presidente Pedro Montt, por las que le entregaron una beca de diez años a partir de 1911 para cursar estudios en Alemania, donde se transformaría en un verdadero ciudadano del mundo. Hacia la década de 1920, *hizo giras* por Norteamérica, Sudamérica y Chile que acabaron por confirmar mundialmente su *virtuosismo*.

Otra destacada música en las cuerdas es la chilena Mahani Teave Williams (1983-). De *ascendencia chileno-estadounidense* y originaria de la Isla de Pascua, se ha destacado como una de las *principales exponentes* del *piano contemporáneo* a nivel nacional. Con tan solo 10 años, Mahani dejó su isla natal para instalarse en América del Sur, en una casa con un living donde sólo había un piano y una silla. A los 18 años, la virtuosa pianista fue a perfeccionarse a Estados Unidos y luego Alemania convirtiéndose en la primera concertista de piano de Rapa Nui. Ganó premios por su talento y tocó con diferentes orquestas chilenas, europeas y de Estados Unidos. A pesar de su éxito nacional e internacional, Mahani nunca ha olvidado de donde viene, motivo por el cual, en el año 2011, creó la ONG "Toki", que busca crear un *espacio intercultural* de las artes y las tradiciones de la Isla de Pascua.

Muchas gracias por su atención y quedo a su disposición en la ronda de preguntas que ahora comenzaremos.

Thank you, Dr Carlota Valdín, for this amazing opportunity to learn more about the Arts of your country. Now, who is in for a night out dancing to the beat of the most famous Chilean music? Well, put your dancing shoes on because after the seminar we will all meet at the Chilean Resto Bar to put your dancing skills to the test! The Chilean Resto Bar is located in the city center, about 4 miles from here. Underground line 35 can take you there and the meeting time will be 8.00 p.m. See you all there! Have a great evening!

Propuesta de equivalencias al inglés:

— Abarcó: It covered
— Andinos: Andean (a type of music)
— Ascendencia chileno-estadounidense: Chilean-American ancestry
— Audiciones: Auditions
— Cantautoras: Female singer - songwriters
— Composiciones y recopilaciones: Compositions and compilations
— Congresistas: Congressmen
— Constituye un referente: Constitutes a reference
— Director teatral: Theatre director
— Discípulo: Disciple
— Espacio intercultural: Intercultural space
— Folclor chileno: Chilean folklore
— Hizo giras: He toured
— Industria musical: Music industry
— Instituto del Teatro: Theater Institute
— Instrumentos: Instruments
— Música barroca: Baroque music
— Música popular chilena: Chilean popular music
— Nueva Canción Chilena: New Chilean song
— Piano contemporáneo: Contemporary piano
— Premio Laurel de Oro: Golden Laurel Award
— Principales exponentes: Main exponents
— Profundas interpretaciones: Deep interpretations
— Público masivo: Mass audiences
— Relación armoniosa: Harmonious relationship
— Repertorio: Reportoire

— Resurgimiento: Resurgence
— Ritmos folclóricos: Folklore rhythms
— Rock progresivo: Progressive rock
— Rock psicodélico: Psychedelic rock
— Se desenvolvió: Where she worked
— Sus primeros pasos en el mundo de la música: His first steps into the world of music
— Virtuosismo: Virtuosity

Conferencia 6
Comidas y tradiciones chilenas

Conferencia 6

COMIDAS Y TRADUCIONES CHILENAS

Orador en inglés: Andrew Philominraj, Chennai, India.
Orador en español: Cristóbal Cáceres Fuentes, Curicó, Chile.

Discurso disponible aquí:

I have to warn you! Today's talk will make you hungry! The award-winning chef Bebi Banghi has prepared a delicious talk about yummy Chilean dishes. We hope this lecture inspires you to try out traditional Chilean recipes in your kitchens and continue to expand your knowledge of Chile. Welcome Bebi Banghi!

¡Muy sabrosas tardes a todos y todas! Les voy a decir algo que seguramente les gustará mucho: Comer es otra forma de recorrer Chile ¿cierto? La gastronomía es una expresión que revela hábitos que van construyendo identidad, producto de la mezcla que existe en el país entre la *tradición indígena* y el *aporte colonial español*. Los *ingredientes* utilizados también hablan de la diversa geografía, la que nos entrega los productos que hacen que esos *exquisitos platos típicos* chilenos sean únicos. La mayoría de los platos típicos chilenos de los cuales les hablaré se han *propagado a lo largo y ancho de Chile* y pueden encontrarlos en los cientos de restaurantes típicos, también conocidos como "picadas". En concreto, me voy a centrar en los siguientes platos, por orden: la *cazuela*, el charquicán, el caldillo de congrio y la chilota. Por último, cerraré mi charla con la tradición de "la once".

En primer lugar, y un clásico por excelencia es la cazuela. Este plato tiene el poder de transportarnos a lo más profundo de los recuerdos de infancia de todos los chilenos. Dentro de sus ingredientes destacan la *carne de vacuno*, la *infaltable* papa, el *choclo* y *verduras de estación*. En la Región de Coquimbo, a unos *400 kilómetros* al norte de Santiago de Chile, existe la llamada "cazuela de salón", que se prepara con una *costilla de vaca*, tomates, y se le agrega *trigo pelado* en vez de arroz. En Valdivia, a unos *900 kilómetros* al sur de Santiago de Chile, también tienen su propia versión con *charqui* (trozos de carne seca), cebolla y *ají seco*. Este plato, llamado "valdiviano", nació en los *tiempos de la colonia* y aún permanece hasta nuestros días.

Otro clásico de los meses más fríos en Chile es el *charquicán*. Se dice que es el más chileno de todos los platos nacionales, cuyo origen se remonta a la *época precolombina*. Es *guiso* que los *indígenas* del sur de Chile preparaban sólo con papa, *zapallo* y *charqui de guanaco*. Luego los españoles le habrían agregado condimentos como *comino* y sal. Además de los ingredientes mencionados, se utiliza cebolla, choclo, y *carne molida* o picada en pequeños trozos, entre otros. En algunas zonas del norte lo acompañan con arroz blanco y en la zona costera lo preparan con *cochayuyo* (alga comestible de las costas chilenas). Los amantes de esta comida, se reúnen cada invierno en la Fiesta del Cochayuyo en Pichilemu (región de O'Higgins), lo cual es una excelente excusa para viajar y comer rico al mismo tiempo.

Pero no sólo de carne vive el hombre, y un claro ejemplo de eso es el caldillo de *congrio*. Elaborado a base de pescados que abundan en la costa del Pacífico, como el *congrio dorado o el congrio colorado*, el caldillo en cuestión es tan popular que hasta Pablo Neruda le dedicó un poema. De preferencia, el caldillo de congrio se sirve en fuentes de *greda cocida* para mantener por más tiempo la temperatura y al pescado se le agrega cebollas, papas, zanahoria, limones y *cilantro*, entre otros, convirtiéndose en el plato perfecto para los amantes de los productos del mar.

Ahora nos vamos al sur a conocer la gastronomía *chilota* (es decir, de la Isla de Chiloé), la cual está muy influenciada por la mapuche y por sus cientos de variedades de papas, presentes en dos platos insigne de la Región de Los Lagos. Uno de estos platos es el *curanto*, y dentro de sus principales ingredientes incluye papa, carne de vacuno y cerdo, *longaniza*, pescado, mariscos y otras verduras. Se cocina de forma tradicional usando piedras calientes enterradas en un agujero en la tierra. El segundo plato que también lleva la típica papa chilota es el *chapalele*, una *masa* hecha de papas cocidas y *harina de trigo*. También hay una versión dulce, a la que se le agrega azúcar o miel, y se sirven calientes para pasar los fríos inviernos de la región.

Ahora más que una receta, conoceremos una tradición que quizás es una de las más populares y tradicionales de los chilenos: "la once". Conocida en otros países como "la hora el té" o la "merienda", la once es la *instancia* en que la familia y amigos se reúnen para compartir un té al finalizar la jornada laboral. Existen varias teorías sobre el origen del término; algunos dicen que proviene de la tradición británica conocida como "elevenses", comida que se llevaba a cabo a media mañana, específicamente a las 11, y que luego cambió de horario con el paso del tiempo y fue castellanizada, mientras que otros lo asocian con un grupo de madres, constituido por 11 señoras, que se juntaban durante la tarde a tomar té, comer y *socializar*. Sin duda, la teoría que cobra más fuerza se relaciona directamente con los *obreros de las salitreras* durante el siglo XIX, quienes al finalizar su jornada se juntaban a beber aguardiente y, debido a las restricciones de la época, decían que iban a "tomar once", haciendo alusión a la palabra *aguardiente* que tiene un total de 11 letras.

Y a ustedes, ¿cuál de estos maravillosos platos les gustaría probar?

Is it time for 'la once' yet? I'm certainly ready for afternoon tea! Thank you, Bebi Banghi, for this wonderful journey into the flavours of Chilean kitchens and 'picadas' and see you all next week for a wonderful talk on Chilean celebrations and festivals! And talking about food I would like to remind you that the gala dinner of the congress will take place tomorrow at 9.00 pm. More than 100 pounds of beef will be grilled at the Santiago City Restaurant, and more than 50 pints of local Chilean wine will be on offer. Please do not forget to register before 7 p.m. today.

Propuesta de equivalencias al inglés:

— 400 kilómetros: 248.548 miles

— 900 kilómetros: 559.234 in miles

— Aguardiente: Hard liquor

— Ají seco: Dried chilli

— Aporte colonial español: Spanish colonial contribution

— Carne de vacuno: Beef

— Carne molida o picada: Ground or minced meat

— Cazuela: Cazuela (a typical Chilean soup dish made of vegetables, potato and meat)

— Chapalele: Chapalele (a dish made of Chiloe potatoes)

— Charqui (trozos de carne seca): Charqui (pieces of dry meat)

— Charqui de guanaco: Charqui de guanaco (dry meat of guanaco)

— Charquicán: Charquicán (a typical dish made of meat and smashed potatoes) Época precolombina: Pre-columbian times

— Chilota: Chilota (coming from the Chiloe Island)

— Choclo: Corn

— Cilantro: Coriander

— Cochayuyo (alga comestible de las costas chilenas): Cochayuyo (an edible seaweed from the Chilean coast)

— Comino: Cumin powder

— Congrio dorado o el congrio colorado: Golden conger eel or red conger eel (fish)

— Congrio: Conger eel (fish)

— Costilla de vaca: Beef rib

— Curanto: Curanto (a typical soup dish)

— Exquisitos platos típicos: Exquisite typical dishes

— Greda cocida: Cooked clay

— Guiso: Stew

— Harina de trigo: Wheat flour
— Indígenas: Indigenous people
— Infaltable: A must
— Ingredientes: Ingredients
— Instancia: a moment or instance
— Longaniza: Sausage
— Masa: Dough
— Obreros de las salitreras: Saltpeter workers
— Propagado a lo largo y ancho: Spread far and wide
— Socializar: To socialize or to get to know
— Tiempos de la colonia: Colonial times
— Tradición indígena: Indigenous tradition
— Trigo pelado: Peeled wheat
— Verduras de estación: Seasonal vegetables
— Zapallo: Pumpkin

Conferencia 7
Celebraciones y festivales chilenos

Conferencia 7

CELEBRACIONES Y FESTIVALES CHILENOS

Orador en inglés: Andrew Philominraj, Chennai, India.
Orador en español: Esther Noemí Ortiz, Talca, Chile.

Discurso disponible aquí:

Good morning to all! Welcome to the seventh talk of our Faculty seminar series. We have the pleasure to welcome Ms. Rita Salazaro, an anthropologist, and expert in the role of celebrations and festivals in the construction of cultural identity. Let's give a warm round of applause to Ms. Salazaro! ¡I give you the floor!

¡Buenos días querida audiencia! ¿Qué les puedo decir sobre las celebraciones y festivales de Chile? La verdad es que, de norte a sur, este diverso país ofrece celebraciones durante todo el año, con eventos muy conocidos a nivel mundial, así como también con otros más locales y tradicionales que son el complemento perfecto quienes quieren vivir la experiencia chilena. Vamos a comenzar por el norte del país, donde encontramos la fiesta de La Tirana. Después iremos bajando al sur, repasando fiestas y tradiciones como, por este orden, la fiesta Tapati de la Isla de Pascua, la Minga de Chiloé, el Festival de Viña del Mar y el Teletón.

Empezaré por la fiesta de la Tirana, que se celebra anualmente en la Región de Tarapacá, sitiada a unos *1800 kilómetros* al norte de Santiago de Chile, y es una de las más importantes de la zona en el país. De *orígenes coloniales*, la *festividad en honor de la Virgen* se realiza en la localidad del mismo nombre y tiene profundas *influencias andinas*, presentando *cofradías de danza* semejantes a las de la vecina Bolivia, como Diabladas o Morenadas. Hoy la fiesta de La Tirana convoca una *muchedumbre de fieles* que provienen no sólo de Chile, sino también de Bolivia y Perú, a pagar las *"mandas"* hechas a la Virgen en el transcurso del año.

En febrero de cada año los habitantes de una de *las islas más remotas* del planeta, llamada Isla de Pascua, se convocan en la fiesta 'Tapati Rapa Nui', que significa "semana de Rapa Nui". La celebración nació hace más de 40 años con las "fiestas de la primavera" que se celebraban en Chile y atrae a turistas de todo el mundo. La Tapati simboliza un homenaje a las tradiciones del pueblo de Rapa Nui y es una de las fiestas tradicionales más importantes de la polinesia. Durante dos semanas de febrero, los *pascuenses* se visten con sus *trajes tradicionales*, dejando de lado sus *quehaceres rutinarios*, para participar de esta espectacular celebración. Durante la celebración, la atención se centra sobre la *competencia de clanes*, cada uno de los cuales representa a una candidata para reina del Festival. Probablemente el reto más emocionante del festival es el Taua Rapa Nui o el *triatlón* de Isla de Pascua que tiene lugar en el impresionante volcán Rano Raraku.

Otra celebración que le da identidad a Chile, es la Minga de Chiloé. Chiloé es una ciudad que se encuentra a casi 2000 kilómetro al sur de la capital del país. Esta es una tradición que se realiza hasta el día de hoy y cuyo origen revela cómo antiguamente en América se vivía de manera comunitaria. La palabra minga deriva de 'minka' en quechua, y se la conoce como la colaboración desinteresada de los vecinos para *levantar la cosecha*. También se invita a los vecinos a una minga para cualquier *obra solidaria* que deba llevarse a cabo en la comunidad. Por consecuencia, el "mingado" es una fiesta que se realiza una vez que el trabajo ha sido terminado y se celebra con bailes, música y comida típica.

Ahora bien, la identidad de Chile también está teñida de música y un *gran referente* de esto es el *Festival Internacional de la Canción de Viña del Mar*, más conocido como el Festival de Viña. El festival comenzó un 21 de febrero de 1960, es organizado por el municipio de Viña del Mar, y se lleva a cabo cada año durante la última semana del mes de febrero. Es el festival de música más grande y reconocido de Latinoamérica. El anfiteatro de la Quinta Vergara, donde tiene a lugar el festival cada año, ha visto pasar artistas de todas las variedades musicales, desde la *música docta* hasta la música popular abarcando diferentes artistas como Plácido Domingo, Daddy Yankee, Juan Luis Guerra, Miguel Bosé o The Police, entre otros, que *han deleitado* a la Quinta Vergara. El público del Festival de Viña es conocido como 'el monstruo' por su *voraz actitud crítica* frente a la performance de los artistas.

Por último, otro evento importante a nivel nacional es la Teletón. Este es un evento benéfico televisado y muy destacado en Chile que se realiza con el objetivo de ayudar los niños discapacitados que son tratados en los Institutos Teletón (instituciones de salud sin fines de lucro que ayudan a niños/as y jóvenes con diferentes tipos de discapacidades). Este evento es realizado generalmente durante el último fin de semana de noviembre o primer fin de semana de diciembre, y consiste en televisar un programa que se transmite por 27 horas ininterrumpidas, en el cual participan todos los medios de comunicación de aire y escritos, y tienen como objetivo *recaudar fondos* para ayudar en la construcción y mantenimiento de los institutos de rehabilitación infantil Teletón.

Muchas gracias por su atención y quedo a su disposición a través de una ronda de preguntas.

Thank you, Ms. Salazaro, for this interesting, fun, and at the same time touching presentation. I'm sure we will also watch the Teletón event this year to make our own contribution to such an important cause: helping children. Don't you feel closer to the

Chilean people now? I know you do! Till the next talk of our seminar series on Tuesday afternoon! On that occasion, we will have a special guest to talk about 'chilenismos' (Chilean slang). Bye!

Propuesta de equivalencias al inglés:

— 1.800 kilómetros: 1,118.468 miles
— Cofradías de danza: Dancing fraternities
— Competencia de clanes: Clan competition
— Festival Internacional de la Canción de Viña del Mar: Viña del Mar International song festival
— Festividad en honor de la Virgen: Festivity in honour of the Virgin
— Gran referente: Big reference
— Han deleitado: They have delighted
— Influencias andinas: Andean influences
— Las "mandas": Las mandas (prayer requests)
— Las islas más remotas: Far away islands or remote islands
— Levantar la cosecha: Raising the harvest
— Muchedumbre de fieles: Crowds (faithful crowds)
— Música docta: academic or appropriate music
— Obra solidaria: Solidarity work
— Orígenes coloniales: Colonial origins
— Pascuenses: Easter Island people – Easter Islanders
— Quehaceres rutinarios: Routine chores
— Recaudar fondos: Fundraising
— Trajes tradicionales: Traditional costumes
— Triatlón: Triathlon
— Voraz actitud crítica: Voracious critical attitude

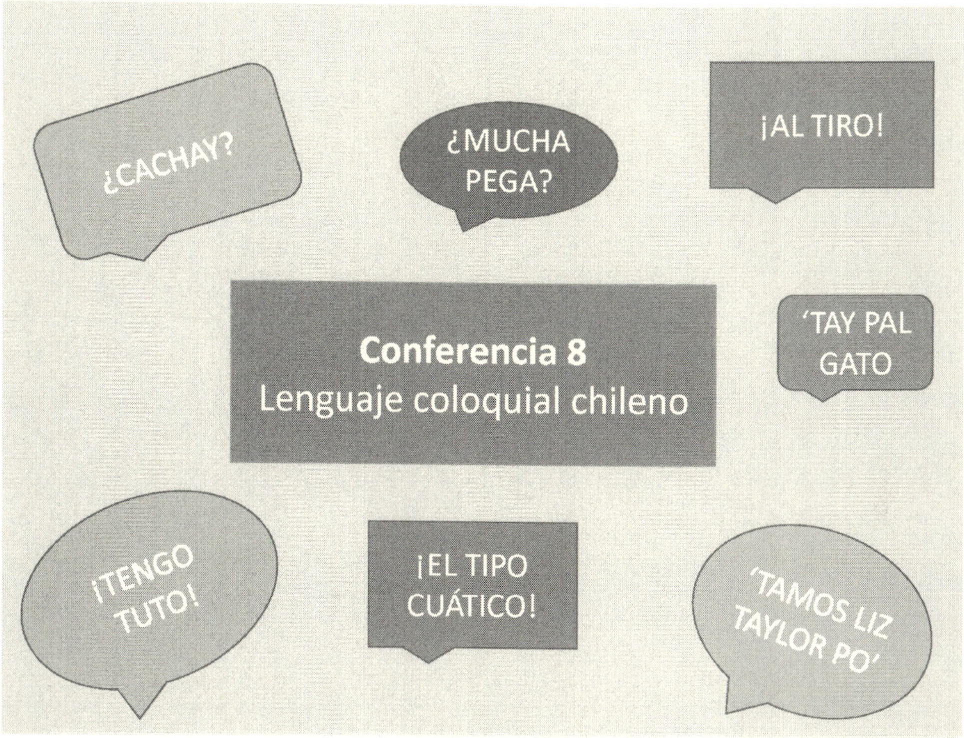
¿CACHAY?
¿MUCHA PEGA?
¡AL TIRO!
Conferencia 8
Lenguaje coloquial chileno
'TAY PAL GATO
¡TENGO TUTO!
¡EL TIPO CUÁTICO!
'TAMOS LIZ TAYLOR PO'

Conferencia 8

LENGUAJE COLOQUIAL CHILENO

Orador en inglés: Andrew Philominraj, Chennai, India.
Orador en español: Valentina Álvarez Aguilera, Molina, Chile.

Discurso disponible aquí:

Welcome everyone to today's special talk on Chilean colloquial language. We have special guests attending our seminar today: members of the School of Linguistics and the School of Translation and Interpretation Studies are here with us. Thank you for coming. Our presenter today is renowned linguist, Dr Matilda Saeto, who has published extensively on the pragmatic uses of Chilean slang. Dr Matilda Saeto, please join us on stage.

¡Hola! Para visitar Chile es sumamente necesario familiarizarse con el lenguaje, ya que si esto no se hace es altamente posible que no entiendas *ni una cuestión* (nada) y te hagan pasar por *gil* (tonto) o te *hagan leso* (engañen). Así que *tení'* (tienes) que aplicarte *nomás* y aprender los chilenismos básicos para *quedar Liz Taylor* (listo) y que nadie *te venda la pomada* (te engañe) y *te quedí' pato* (sin dinero).

Primero que todo, deben saber que para afirmar y negar en Chile no se dice solamente «sí» o «no». A estas palabras siempre les agregamos un "*po*" al final, que da cuenta de una cierta obviedad de la respuesta. Decir "sí" solamente es más formal; si dices "*sipo*" es como "obvio que sí". El "po" (derivado de la palabra 'pues') también se le agrega a otras palabras y frases, tales como "ya", "bueno", y "ahí vemos", entre muchas otras. El punto es que el "po" hace que todo se vea como más evidente, obvio e informal. Por ejemplo:

Bueno po' ¿y nos vamos a juntar o no?
Sipo, nos vemos en tu casa a las 5.
También, en Chile reemplazamos la terminación de los verbos por "ay" o "i" cuando se habla a otra persona directamente. Por ejemplo:
Puedas = *podai* / ¿Puedes? = ¿*podí*?
Vas = *vay* / Vienes = *vení'*
Tienes = *tení'*

Caches = *cachai*
¿Estás? = ¿*'tay?*
Quieres = *querís* (aunque como solemos omitir las "S" finales, suena *"querí"*)
Haces = *hací*

Ahora, cuando algo es demasiado bueno, podríamos decir que la escala de califi-cativos en intensidad es la siguiente:

Piola: es algo bueno, pero dentro de lo normal, nada por lo cual entusiasmarse tanto. *El flaco es piola.*
Chori / choro / choriflay: algo bien, pero con un toque de rareza o que te provoca cierta ternura. *El profe nuevo es choro.*
Bakán/Bacán, bacanísimo: muy bueno, estupendo. *La mina (la chica) es bacán, muy buena onda.*
Filete: hace alusión a algo muy bueno, de primera calidad, excelente, bien hecho, perfecto. *- ¿Cómo estuvo la fiesta? – ¡Filete!*
La raja: se usa cuando algo es tan bueno que te supera. *¡El concierto estuvo la raja!* (Pero ¡ojo! *Estar raja* significa estar muy cansado).

Otro concepto típico que utilizamos en Chile cuando queremos asegurarnos de que nos entienden es la palabra "cachar". Esto se debe a que en Chile se utiliza muy poco las palabras "¿entiendes?" o "entender", porque todo se "cacha". También sirve como sinónimo de "creer". Por ejemplo:

Yo cacho que hoy llueve, el cielo se ve muy oscuro= yo creo que hoy llueve, el cielo se ve muy oscuro.
Cachay que se me cayó el celu al water el otro día= sabes que se me cayó el celular al inodoro el otro día.
No cachay na' (= nada), ni una cuestión.

También la palabra *"pescar"* es muy importante en nuestro lenguaje cotidiano y sig-nifica "poner atención". Cuando yo quiero demandar la atención de alguien, le digo "péscame", y si quiero reclamarle a alguien por no ponerme atención, digo: "No me pes-cai!" o "No me estay pescando". Por último, no podemos dejar de hablar del verbo "con-dorearse", inventado por nosotros mismos. El verbo proveniente del nombre del *famoso personaje* Condorito de una conocida *historieta chilena* que lleva el mismo nombre y se utiliza también como sustantivo: *"condoro"* y significa cometer un error. Por ejemplo:

Me mandé un condoro en el trabajo= hoy cometí un error en el trabajo
Me condorié con mi novio= me equivoqué con mi novio.
Muchas gracias por la invitación y espero que les haya gustado el recorrido por las peculiaridades lingüísticas de mi país.

This was, undoubtedly, a very interesting talk Dr Matilda Saeto and a very useful one for the work of professionals such as tour guides, translators and interpreters. Your advice makes our job much easier. Please give a big round of applause to Dr Matilda Saeto who, in addition to this wonderful talk, has provided us with a very helpful glossary of Chilean slang. To close today I would like to remind you that the excursion to Valparaiso, which is about 100 kilometres north-east of the capital, will take place tomorrow. The bus will leave from the Sheraton Hotel at 8.30 am. The hotel is 2 kilometres from here, so please plan your arrival at the hotel well in advance.

Propuesta de equivalencias al inglés:

— Bakán/Bacán: Great

— Cachay: To understand

— Chori / choro / choriflay: Smart but in a weird way

— Condorearse: To mess something up or to make a mistake

— Condoro: A mistake

— Famoso personaje Condorito: the famous character Condorito

— Filete: Something or somebody extraordinary

— Gil: Silly

— Hagan leso: To cheat or to fool

— Historieta chilena: Chilean cartoon

— La raja: Awesome

— Ni una cuestión: Nothing

— Nomás: No more or just

— Pescar: to take into consideration or to pay attention

— Piola: To play it cool or to underplay – to remain on the margin

— Po': So / then

— Quedar Liz Taylor: To be ready

— Sipo: Yes

— Te quedí' pato: Without money

— Te venda la pomada: To cheat

Conferencia 9
Mitos y leyendas

Conferencia 9

MITOS Y LEYENDAS

Orador en inglés: Andrew Philominraj, Chennai, India.

Orador en español: Enrique Fabián Hormazábal González, Rancagua, Chile.

Discurso disponible aquí:

I see a ghost ship in the distance! Do you see it too? Get ready! Because today we will talk about Chilean myths and legends. Professor Augusto Villán will share with us a selection of his favourite stories from Chile, all included in his new book on Latin American mythology that has broken international sales records. Dear Professor Villán, thank you very much for joining us here today, the stage is all yours!

¡Muchas gracias a ustedes por la invitación! ¡El gusto es todo mío!

Los mitos y leyendas expresan el pensamiento mágico del Chile imaginario. Nacen en el *imaginario del mundo* popular y son de origen especialmente *campesino*, reproduciéndose y recreándose a través de la oralidad de generación en generación a lo largo de todo el territorio chileno. Por esto, para algunos los *mitos y leyendas* ocurrieron de verdad, mientras que para otros fueron producto de la imaginación de quienes dicen haberlas vivido.

En concreto, les contaré brevemente las siguientes historias: la leyenda de Añañuca, de la Región de Atacama; la leyenda de la Laguna del Inca, de la Región Metropolitana; y el mito de La Pincoya, originario de la isla grande de Chiloé. Precisamente, este último mito también se relaciona con la leyenda del Caleuche, con la que cerraré mi intervención.

En la región de Atacama, en un pueblo llamado Monte Patria, a unos 400 km al norte de Santiago, que en la época de los españoles se llamaba Monte Rey, vivía una hermosa joven llamada Añañuca. Según cuenta la leyenda, esta hermosa joven encantaba a los hombres del pueblo con su belleza, pero ninguno había podido *conquistarla*. Sin embargo, un día llegó un atractivo y *enigmático minero* que buscaba una *veta de oro* muy codiciada. Al ver a Añañuca, *se enamoraron mutuamente*, por lo *que él se quedó a vivir en Monte Rey*. Una noche el minero tuvo un sueño donde se le apareció un *duende* que le reveló el lugar exacto donde estaba la veta de oro. Sin pensarlo se fue, diciéndole a Añañuca que volvería. Ella esperó y él nunca volvió. Desde ese momento, la tristeza se apoderó de su cuerpo y mente, hasta morir lentamente de amor. La gente de Monte Rey *lloró la muerte* de Añañuca y enterró su cuerpo un día de inusual lluvia en el norte de Chile. Al día siguiente, salió el sol y grande fue la sorpresa del pueblo al ver que los valles se llenaron de hermosas flores rojas. En honor a la joven, estas flores fueron llamadas Añañuca, y esta flor crece hasta el día de hoy después de cada lluvia en la región, transformando la *pampa* en un hermoso Desierto Florido que dio origen a la leyenda llamada *"El milagro de la Añañuca"*.

La región Metropolitana tiene su propia leyenda en la famosa *laguna color esmeralda*, llamada "Laguna del Inca". Cuenta la leyenda que cuando los incas dominaban Chile realizaban sus rituales en la *cordillera de Los Andes*. Según cuentan, el inca Illi Yupanqui se enamoró de la hermosa princesa Kora-Ilé, quien tenía unos hermosos ojos color esmeralda. Ambos decidieron casarse en una *cumbre* ubicada a orillas de una laguna. Después de la ceremonia nupcial, la princesa debía descender por la *ladera del cerro* con su traje y joyas, pero el camino era tan estrecho, que hizo que la princesa se *cayera al vacío*. El inca trató de salvarla, pero no pudo y la princesa cayó muerta. Lleno de tristeza el inca Illi Yupanqui decidió tirar el cuerpo en las profundidades de la laguna, pero grande fue su sorpresa cuando vio que mientras su cuerpo se *sumergía*, el agua mágicamente se tornaba color esmeralda, el mismo color de ojos de la princesa. Desde ese día se dice que la Laguna del Inca está *encantada* y que por las noches el alma de la princesa *vaga* por la superficie del agua, mientras se escuchan los *lamentos* del inca.

La isla de Chiloé esconde variados e interesantes mitos y leyendas de Chile. Uno de los mitos más conocidos de la isla es la historia de La Pincoya. Se trata de una hermosa mujer de *tez* blanca y pelo rubio (que para algunos tiene *cola de sirena* y para otros tiene piernas) que se dedica a proteger el mar y rescatar a los pescadores perdidos. La leyenda dice que cuando no puede *devolverlos a la orilla*, los deja en la *cubierta del buque fantasma* el Caleuche, para que *revivan* como uno de sus tripulantes. El Caleuche es un barco fantasma dirigido por fantasmas o brujos, silencioso, y muy iluminado, situado en las costas del sur de Chile. Todo aquel que ha visto al Caleuche se extraña de la gran habilidad con la que se mueve el buque debido a que *sortea* sin inconvenientes el agitado mar, y pasa entre estrechísimas vías de rocas, por donde apenas cabe el barco. Sus *velas* son rojas, y solo navega de noche. Se ve en la lejanía rápidamente, porque su popa y su proa están iluminadas con cientos de velas que además despiden un característico olor a *cera quemada*. El Caleuche navega en medio de una *nube de niebla* que le acompaña a todas partes. Los *marineros* que lo han visto aseguran que lo *manejan* brujos que son capaces, con su poder, de crear una *espesa* nube de niebla y navegar en medio de ella, con muy *poca visibilidad*, pero con una *inigualable maestría*. Aquel que intenta acercarse al Caleuche nunca consigue alcanzarlo, porque el barco de pronto se transforma en una *tabla de madera* o en una roca. Otros dicen que simplemente desaparece, y a su alrededor solo quedan *focas y albatros*, y según dicen quienes lo han visto, estos animales son en realidad tripulantes del barco fantasma.

Muchas gracias por escuchar tan atentamente estos mitos y leyendas de mi país. Quién sabe qué habrá de real detrás de ellos. Ahora, si lo desean, podemos abrir el turno para la realización de una ronda de preguntas. Muchas gracias.

If you liked learning about the myths and legends of Chile, I recommend that you do some research and look for the myth called "El Cuero" from Chiloé, "El tesoro fantasma" from Valparaíso, "El dedo del indio Patagón" in Punta Arenas, "La Quintrala", "El Trauco", the legend of "Make-Make", and "El Tótem del Guanaco", among many others. Thank you, Professor Villán, for taking us to this wonderful magical world! Before proceeding to the next seminar, let me remind you that the Congress invites you to visit the imposing Palacio de la Moneda this afternoon at 4 p.m. A guide will pick you up at the door of this room and take you on a one-mile walk to the palace. I hope you enjoy your visit. Thank you!

Propuesta de equivalencias al inglés:

— Campesino: Peasant

— Cayera al vacío: Fell into the void

— Cera quemada: Burnt wax

— Cola de sirena: Mermaid tail

— Conquistarla: Conquer it

— Cordillera de Los Andes: Andes mountains

— Cubierta del buque fantasma el Caleuche: Deck of the ghost ship of Caleuche

— Cumbre: Peak – Summit

— Devolverlos a la orilla: Bringing them back to shore

— Duende: Elf

— El milagro de la Añañuca: The miracle of Añañuca

— Encantada: Enchanted

— Enigmático minero: Enigmatic miner

— Espesa: Thick

— Focas y albatros: Seals and albatrosses

— Imaginario del mundo popular: Imaginary of the popular world

— Inigualable maestría: Unmatched mastery

— Ladera del cerro: Hillside

— Laguna color esmeralda: Emerald lagoon

— Lamentos: Regrets

— Lloró la muerte: He cried over the death of

— Manejan: Drive
— Marineros: Sailors
— Mitos y leyendas: Myths and legends
— Nube de niebla: Fog cloud
— Pampa: Prairie
— Poca visibilidad: Poor visibility
— Revivan: Revive
— Se enamoraron mutuamente, por lo que él se quedó a vivir en Monte Rey: They fell in love with each other, so he stayed to live in Monte Rey
— Sortea: Raffle
— Sumergía: Immersed in water or submerged
— Tabla de madera: Wooden board
— Tez: Complexion
— Vaga: Wandering
— Velas: Sails
— Veta de oro: Gold vein

Conferencia 10
Escritores chilenos

Imágenes

Izq. superior: Monumento a Gabriela Mistral (Región de Coquimbo)
Izq. inferior y derecho superior y centro: Mausoleo Gabriela Mistral (Región de Coquimbo)
Derecho inferior: Valle del Elqui (Región de Coquimbo)

Conferencia 10

ESCRITORES CHILENOS

Orador en inglés: Andrew Philominraj, Chennai, India.
Orador en español: Diana Marín Aguilar, Colbún, Chile.

Discurso disponible aquí:

Dear attendees, thank you very much for joining us this afternoon in our penultimate talk of the seminar series on Chile. Today the novelist Edda Doming will talk to us about the great Chilean writers. We hope you enjoy this interesting talk very much. Welcome Edda Doming to our university!

¡Muchas gracias por darme este espacio para charlar sobre mi pasión en la vida con este grupo de ávidos lectores!

La literatura chilena ha tenido grandes escritores que han *marcado tendencia* en cada período al que pertenecieron. Chile es la tierra de dos *Premios Nobeles* del siglo XX, Pablo Neruda y Gabriela Mistral, ambos poetas. Este éxito se debe a la profunda *conciencia social* y al enorme talento de los autores. Diversos escritores han sido fundadores de estilos y movimientos importantes para el país, aclamados por la crítica nacional e internacional, siendo algunos de estos a los que le hacemos homenaje en esta sección. Así, empezaré hablando de Gabriela Mistral, y seguiré con Pablo Neruda, Roberto Bolaño, Isabel Allende y Marcela Serrano.

Una de las escritoras más destacas en Chile es Gabriela Mistral (1957-1988). Su verdadero nombre era Lucila de María del Perpetuo Socorro Godoy Alcayaga, su seudónimo (Gabriela Mistral) fue utilizado por primera vez en el "Poema del pasado" publicado en el diario *El Coquimbo* en 1908. Trabajó de maestra y colaboró en publicaciones literarias, apareciendo sus primeros escritos en 1904 en: *El Coquimbo, Penumbras de La Serena* y *La Voz de Elqui de Vicuña*. Durante esta etapa empezó a escribir "Desolación" y colaboró con la revista *Elegancias*, que dirigía Rubén Darío desde París. Su talento y escritura la hicieron ganadora en 1914 del *Premio Nacional de Poesía de Chile* con "Sonetos de la muerte" y en el año 1945 obtuvo el primer *Premio Nobel de Literatura* para un autor latinoamericano.

Otro de los poetas más destacados de la literatura hispanoamericana del siglo XX es Pablo Neruda (1904-1973). Su obra atravesó varias etapas, y todas fueron *valoradas y reconocidas* por la crítica como poseedoras de calidad literaria. Neruda fue uno de los poetas más *fecundos* de la literatura chilena y latinoamericana del siglo XX. La influencia de su vida y obra ha *trascendido el ámbito literario*, influenciando todos los campos de la cultura popular y académica, irradiando la historia política y social del país y *alzándose como un referente* indiscutido para la creación artística contemporánea. En 1945 fue galardonado con el *Premio Nacional de Literatura*, y en 1971 recibió el Premio Nobel de Literatura, siendo el sexto escritor de habla hispana y el tercer latinoamericano en recibir tan importante distinción. Pablo Neruda falleció en Santiago de Chile en la Clínica Santa María víctima de un *cáncer de próstata*.

Un representante de la literatura nacional más contemporánea es Roberto Bolaño (Santiago de Chile, 1953 – Barcelona, España, 2003). Bolaño fue un escritor chileno que *rompió los esquemas literarios* de su época y tuvo una *prolífica producción* hasta el último día de su vida. Este autor salió de Chile de muy joven y solo volvió un tiempo antes de fallecer. Bolaño se caracterizó por *narrar hechos atroces, desapariciones, secuestros e injusticias de la época de la dictadura militar de Pinochet*. Fue galardonado con el *Premio Municipal de Literatura de Santiago* (1998), Premio Rómulo Gallegos (1999) y el Premio Salambó (2004). Entre sus libros más destacados se encuentran "2666" y "Los detectives salvajes".

De fama internacional presentamos a Isabel Allende (1942-), escritora y periodista chilena. Isabel recibió en el año 2010 el Premio Nacional de Literatura; sus obras han sido traducidas a más de treinta idiomas y ha vendido millones de copias en todo el mundo. Isabel Allende aborda temáticas relativas a la mujer, la memoria, el imaginario latinoamericano y su historia personal, a través de novelas y libros de carácter autobiográfico. Sus *relatos* son una mezcla de ficción y realidad que aúna los productos de su imaginación con la *documentación histórica* y los datos que extrae de su propia biografía o de las experiencias de quienes la rodean. En los últimos años, ha *incursionado* también en la literatura juvenil, publicando la *trilogía* de aventuras "Las memorias del Águila y del Jaguar". Entre sus obras más destacadas encontramos: *"La casa de los Espíritus"*, "Paula" y *"De amor y sombra"*.

Otra destacada autora nacional es Marcela Serrano. Esta escritora comenzó a escribir en 1985, a raíz de una *crisis personal*, y es una *figura destacada* de la nueva narrativa de América Latina. La obra de Marcela Serrano tiene como preocupación central la *condición femenina*, reflejando tanto su naturaleza como su insatisfacción y las dificultades para llegar a su realización en un *mundo patriarcal*. En 1991, con 38 años, publicó su primera novela titulada "Nosotras que nos queremos tanto", obra con la que en 1994 obtuvo el Premio Sor Juana Inés de la Cruz, que sirvió para consolidar su carrera literaria. Las protagonistas de sus novelas son siempre mujeres (ejemplo, "Nosotras que nos queremos tanto" y "Para que no me olvides"). En el año 2000 publicó un libro de *relatos cortos* titulado "Mundo raro", en los que abordó temas como el *aborto*, la *soledad* y las *miserias de la condición humana.* Entre sus últimos títulos destacan: *"Hasta siempre, mujercitas"* (2004) y *"La llorona"* (2008).

Y ahora, *¿se animan* a leer un libro? Muchas gracias por su atención y *quedo a su disposición en la ronda de preguntas.*

Thank you very much for this inspiring talk Ms. Edda Doming. Please remember that the Nicanor Parra bookstore is waiting for you all at the sales table in the central hall of the university. The congress has organised a visit to the Pablo Neruda Museum in Valparaiso, a town some 100 kilometres northeast of the capital. A welcome cocktail will be offered at the museum itself, with more than 50 pints of red wine from the Maule Region, and more than 20 pounds of Chilean cheese, all courtesy of the congress. Also, remember that next week's talk is the last one of the seminar series on Chile so if you want to receive your attendance certificate, you will need to fill in the form on our website. See you all next Monday!

Propuesta de equivalencias al inglés:

— Aborto: Abortion

— Alzándose como un referente indiscutido: Rising as an undisputed reference

— Cáncer de próstata: Prostate cancer

— Conciencia social: Social conscience or awareness

— Condición femenina: Female condition

— Crisis personal: Personal crisis

— *De amor y sombra*: Of love and shadow

— Desapariciones: Disappearences

— Documentación histórica: Historical documentation

— Fecundos: Fertile

— Figura destacada: Leading figure

— *Hasta siempre, mujercitas*: Farewell, ladies

— Incursionado: Venture

— Injusticias de la época de la dictadura militar de Pinochet: Injustices of the time of Pinochet's military dictatorship

— *La casa de los Espíritus*: The House of Spirits

— *La llorona:* The crying woman

— Marcado tendencia: Trend setting

— Miserias de la condición humana: Miseries of the human condition

— Mundo patriarcal: Patriarcal world

— Narrar hechos atroces: Narrating atrocious events

— Premio Municipal de Literatura de Santiago: Santiago Municipal Literature Prize

— Premio Nacional de Literatura: National Literature Prize

— Premio Nacional de Poesía de Chile: Chile's National Poetry Prize

— Premio Nobel de Literatura: Nobel Prize in Literature

— Premios Nobeles: Nobel prizes

— Prolífica producción: Prolific production

— Quedo a su disposición en la ronda de preguntas: I remain at your disposal for the round of questions.

— Relatos cortos: Short stories

— Relatos: Stories

— Rompió los esquemas literarios: He broke the literary mould

— Se animan: Do you dare…

— Secuestros: Kidnappings

— Soledad: Solitude

— *Sonetos de la Muerte:* Sonnets of Death

— Trascendido el ámbito literario: Transcended the literary sphere

— Trilogía: Trilogy

— Valoradas y reconocidas: Valued and recognized

Conferencia 11
Personas destacadas de
Chile

Conferencia 11
PERSONAS DESTACADAS DE CHILE

Orador en inglés: Andrew Philominraj, Chennai, India.
Orador en español: José Tomás Montes Larraín, Santiago, Chile.

Discurso disponible aquí:

Welcome to the last presentation of what has been a wonderful and very enriching experience of our seminar series on Chile. Today I am honoured to introduce the award-winning actor and journalist, Mr. Ron Sepúlveda. He will talk about some of the most famous people in Chile. Please welcome Mr. Ron with a big round of applause. Mr. Sepúlveda, the floor is yours!

¡Hola a todos y todas! A continuación, les presentaré algunas de las figuras más destacadas del panorama de la cultura-pop chilena. Si hablamos de personas influyentes en Chile, no podemos dejar de mencionar al biólogo Humberto Maturana, al director y escritor Alejandro Jodorowsky, al futbolista Iván Luis Zamorano, el tenista Marcelo "Chino" Ríos, la actriz y *cantante lírica* Daniela Vega, el actor Pedro Pascal, el comediante Felipe Avello o la caricatura de Condorito.

Así, Humberto Maturana, biólogo, ganó el premio *Nacional de Ciencias Naturales* en 1994. Un destacado académico y uno de los pensadores más reconocidos del país, Maturana sobresalió a nivel mundial gracias por desarrollar el concepto de "*autopoiesis*", el cual da cuenta de la organización de los sistemas vivos como redes cerradas de autoproducción. Además, Maturana sentó las bases de la *Biología del Conocer*, disciplina que busca explicar cómo funcionan los seres vivos en tanto sistemas cerrados y determinados en su propia estructura.

Otra figura destacada de Chile es Alejandro Jodorowsky, *escritor, director de cine, comediante, guionista de cómics y dramaturgo*. A los 24 años emigró de Chile y *se erradicó en Francia*. Jodorowsky destaca por su *cine simbólico*, además de ser el creador de la *psicomagia*, una práctica que mezcla los *ritos chamánicos*, el teatro y el psicoanálisis.

A nivel deportivo, Chile también tiene personas destacadas, y entre estas encontramos al exjugador de fútbol Iván Luis Zamorano. La prensa lo considera el futbolista más destacado de los años 90. Zamorano fue *capitán de la selección* chilena con la que *marcó 40 goles*, siendo conocido por su excelente juego aéreo, ganando así el apodo de 'el helicóptero', motivo por el cual es considerado uno de los mejores jugadores chilenos de la historia. Otro deportista chileno destacado a nivel nacional e internacional es Marcelo "Chino" Ríos, quien *debutó* como tenista profesional en 1994, y un año después consiguió *imponerse* en los torneos de Bolonia, Ámsterdam y Kuala Lampur. Durante unas semanas de 1998, se convirtió en el primer latinoamericano en ocupar el N°1 del *ranking mundial en la clasificación individual* de acceso a los torneos de la *ATP*. Además, ganó 18 títulos de la ATP en su carrera y llegó a ser el mejor tenista del planeta en marzo de 1998.

A nivel artístico, Chile también tiene celebridades que han hecho historia como, por ejemplo, Daniela Vega, quien es *actriz* y *cantante lírica*. Daniela protagonizó la película "Una mujer fantástica", que se transformó en la primera producción chilena en recibir el *Óscar a mejor película extranjera* (2018). En esa ceremonia, Daniela Vega *marcó otro hito*, debido que fue la primera *mujer transgénero* en recibir un premio de la Academia. Un mes después de la *premiación*, figuraba como una de las cien personalidades más influyentes del 2018 según la revista "Time". Otros personajes nacionales famosos de la actualidad son Pedro Pascal, quien, si bien viene *protagonizando personajes episódicos* en series como "Buffy, la cazavampiros", "Graceland" desde el año 2000, cobró mayor éxito con su participación en "Juego de Tronos" en el 2013 y "Narcos" en el 2015. Sin embargo, su *salto al estrellato* llegó recién en el año 2023, donde destacó por su *protagónico* en la serie "The Last of Us".

Ahora, si continuamos con celebridades nacionales que han destacado por su talento, *no podemos dejar fuera* a Felipe Avello. Este comediante se ha presentado en escenarios tan importantes como el *Festival del Huaso de Olmué* de 2018 y en la Teletón de ese mismo año, y en 2019 en el LX Festival Internacional de la Canción de Viña del Mar. En los últimos años, sus *números de stand-up comedy* lo han llevado a hacerse famoso en tierras extranjeras, entre las que podemos mencionar a México, Argentina y Estados Unidos.

Finalmente, un *personaje icónico* de Chile es Condorito, una *caricatura icónica* de la cultura nacional, creado por el *dibujante* Pepo (René Ríos Boettiger). Condorito fue hecho de la mezcla entre un *cóndor*, y un *huaso chileno andrajoso* y *desaliñado*, quien decide dedicarse al *cogoteo* (robo). Sin embargo, su primera víctima resulta ser un *experimentado* asaltante, quien termina robándole hasta las *ojotas* (calzado utilizado en las faenas del campo). Este personaje se *enarboló* como la representación gráfica del *campesino pícaro* y bromista que intenta *sortear las estrecheces financieras* y los *reveses de la vida cotidiana a punta de ingenio.*

Con este icónico personaje pongo fin a mi intervención y quedo a su disposición para cualquier pregunta que deseen formularme. Muchas gracias.

Thank you, Mr. Ron Sepúlveda, for your talk. It's been great to have you as our guest at the last seminar of this series. With these words, we conclude the seminar series on Chile and we hope that it has been as useful and inspiring for everyone as it has been for us, the organizing committee. The congress has prepared a closing dinner, at the Citadella Restaurant, today at 20.30. The restaurant is 3 miles far from here so it is recommended to take bus 51 or the metro line A to get there. Please remember that the certificate of participation is ready and can be collected from our school secretary. Farewell to all and have a pleasant evening!

Propuesta de equivalencias al inglés:

— A punta de ingenio: Witfully

— Actriz: Actress

— Andrajoso: Tattered, shabby, ragged, badly dressed

— ATP (Asociación de Tenistas Profesionales): Professional Tennis Players Association (PTPA)

— Autopoiesis: Self-creation or self-production

— Biología del Conocer: Biology of Knowledge

— Campesino pícaro y bromista: Rogue and prankster peasant

— Cantante lírica: Lyric singer

— Cantante lírica: Lyric singer

— Capitán de la selección: Captain of the national team

— Caricatura icónica: Iconic cartoon

— Cine simbólico: Symbolic cinema

— Cóndor: Condor (bird)

— Debutó: Started

— Desaliñado: Unkempt (untidy or dishevelled appearance)

— Dibujante: Cartoonist

— Enarboló: Became popular

— Escritor, director de cine, comediante, guionista de cómics y dramaturgo: Writer, film director, comedian, comic book writer and playwright

— Experimentado asaltante: Experienced thief

— Festival del Huaso de Olmué: Olmué Huaso Festival

— Huaso chileno: Chilean huaso or countryman

— Imponerse: Imposing

— Marcó 40 goles: Scored 40 goals

— Marcó otro hito: Marked another milestone

— Mujer transgénero: Transgender woman

— Nacional de Ciencias Naturales: Natural sciences
— No podemos dejar fuera: Can't leave out
— Números de stand-up comedy: Stand-up comedy acts
— Ojotas: Flip flops
— Óscar a mejor película extranjera: Oscar for Best Foreign Film
— Personaje icónico: Iconic character
— Premiación: Award ceremony
— Protagónico: Protagonist
— Protagonizando personajes episódicos: Starring as episodic characters
— Psicomagia: Psychomagic
— Ranking mundial en la clasificación individual: World ranking in individual performance
— Reveses de la vida cotidiana: Setbacks of daily life
— Ritos chamánicos: Shamanic rites
— Salto al estrellato: Leaped to stardom
— Se erradicó en Francia: Eradicated in France
— Sortear las estrecheces financieras: Overcoming financial constraints

Conclusiones

La interpretación consecutiva y simultánea facilita la comunicación efectiva entre personas que hablan diferentes idiomas en una variedad de contextos, desde la diplomacia hasta los negocios internacionales y la atención médica[1,2]. Los intérpretes desempeñan un papel vital en la promoción de la comprensión mutua, el acceso a información global y la facilitación del comercio internacional. A pesar de los desafíos, su contribución a la construcción de un mundo más interconectado y diverso es incalculable.

Para abordar la escasez de material didáctico, es esencial que las instituciones académicas, los profesionales y las organizaciones relevantes colaboren en la creación y el intercambio de recursos educativos de calidad. Esto podría incluir: 1) la grabación y la disponibilidad de conferencias públicas para fines educativos; 2) la colaboración entre intérpretes experimentados y docentes para crear material didáctico; y, 3) la inversión en el desarrollo de recursos específicos para idiomas, y variedades diatópicas, menos comunes.

Asimismo, en este punto, conviene subrayar que para ser intérprete de conferencias no es tan importante ser bilingüe como ser biculto. Esta afirmación supone poner en valor la multiculturalidad y la comprensión intercultural en un mundo altamente globalizado. Si bien el dominio de dos idiomas es valioso y puede facilitar la comunicación, la verdadera riqueza de la experiencia radica en la capacidad de sumergirse en dos o más culturas, incluida las diferentes culturas de los países cuya lengua nativa se habla. Ser biculto no solo se refiere a hablar dos idiomas, sino a comprender y apreciar

[1]   Lazzaro-Salazar, M. y Pujol-Cols, L. (2020). Comunicación intercultural en instituciones públicas de la salud: Validación de la Escala de Conflicto Comunicacional en Organizaciones Interculturales (ECCOI). *Lengua y Migración, 12*(1): 123-148.

[2]   González-Tapia, G. y Lazzaro-Salazar, M. (2023). "Recomendaciones para traductores sanitarios frente al relato del paciente". XIX Congreso Internacional de Traducción, Texto e Interferencias Universidad de Málaga y Universidad de Córdoba (7-9 de junio), España.

las sutilezas culturales que están intrínsecamente ligadas a esos idiomas, y en los diferentes países en los que se habla. Esto implica la adopción de diferentes perspectivas, valores y formas de vida. En un mundo interconectado, ser biculto puede abrir puertas a la comprensión mutua y al respeto entre las culturas, promoviendo la tolerancia y la colaboración en un nivel más profundo. La multiculturalidad enriquece nuestras vidas y nos desafía a cuestionar nuestras propias creencias y a expandir nuestros horizontes. Por lo tanto, si bien ser bilingüe es una habilidad valiosa, ser biculto es un compromiso con la diversidad cultural y una herramienta poderosa para fomentar la armonía en una sociedad global.

De este modo, la importancia de conocer y comprender las variedades diatópicas de la lengua materna, en este caso, del español, es un aspecto fundamental en la formación de individuos, y más concretamente en la formación de intérpretes, que buscan una comunicación efectiva en un mundo diverso y globalizado. El español es una lengua que se habla en una amplia gama de países alrededor del mundo, y cada uno de ellos ha desarrollado sus propias variaciones dialectales, léxicos regionales y matices culturales. La capacidad de comprender y adaptarse a estas variedades diatópicas es esencial para una comunicación exitosa, respetuosa y enriquecedora en contextos interculturales.

No cabe duda de que el español es una lengua rica y diversa que se extiende por una variedad de países con contextos culturales y geográficos únicos. Cada país tiene su propia historia, tradiciones y formas de expresión que han influido en el desarrollo de su variedad diatópica particular. Desde el español hablado en España hasta el que se habla en América Latina, pasando por regiones específicas como el español caribeño o el rioplatense, existe una gran diversidad de acentos, giros lingüísticos y expresiones idiomáticas. Comprender estas diferencias permite a los hablantes de español navegar con confianza en entornos en los que se utilizan estas variaciones.

La capacidad de reconocer y apreciar las variedades diatópicas del español también promueve un respeto por la diversidad cultural y lingüística. Cada variante dialectal del español lleva consigo una historia, una identidad cultural y un sentido de pertenencia. Al conocer y respetar estas diferencias, los hablantes de español pueden establecer conexiones más auténticas con personas de diferentes países y regiones. Esto no solo fortalece la comunicación, sino que también contribuye a la construcción de puentes interculturales y a la promoción de la tolerancia y la diversidad.

La adaptabilidad es otro aspecto clave en la importancia de conocer las variedades diatópicas del español. Los hablantes que pueden cambiar su forma de comunicarse según el contexto y el interlocutor son capaces de establecer conexiones más sólidas y evitar malentendidos. Por ejemplo, alguien que comprende que el "vos" se usa en lugar del "tú" en algunas regiones de América Latina y que el "vosotros" se utiliza en España estará mejor preparado para ajustar su lenguaje según la audiencia. Esta habilidad es especialmente valiosa en situaciones profesionales y de negocios, donde la adaptación cultural y lingüística puede ser la clave para el éxito de la interpretación.

La educación en las variedades diatópicas del español para el intérprete es esencial tanto en el contexto académico como en el ámbito profesional. Los programas de estudio que incluyen la enseñanza de estas variedades ayudan a los estudiantes a desarrollar una comprensión profunda de su lengua materna y les proporcionan las habilidades necesarias para comunicarse de manera efectiva en una amplia variedad de situaciones. Además, en el mundo laboral, el conocimiento de las variedades regionales del español es un activo valioso, ya que muchas empresas y organizaciones buscan profesionales que puedan interactuar de manera efectiva en contextos internacionales.

En resumen, la importancia de conocer y comprender las variedades diatópicas del español no se limita a una cuestión lingüística, sino que abarca la promoción de la diversidad cultural, el respeto intercultural y la capacidad de comunicarse de manera efectiva[3]. Con el español como una de las lenguas más habladas en el mundo, la habilidad de adaptarse a sus distintas formas enriquece la experiencia de los intérpretes, fortalece las conexiones interculturales y fomenta la comprensión mutua. La formación y la concienciación del intérprete sobre estas variaciones son esenciales para aprovechar al máximo esta riqueza lingüística y cultural.

Para concluir, esperamos que el presente volumen venga a ocupar el vacío existente en torno a materiales didácticos para la interpretación del español de Latinoamérica, y más concretamente en la variedad de Chile. Un terreno yermo, hasta la fecha. Asimismo, esta aportación también creemos que podrá ser de utilidad para la didáctica de aspectos culturales, lingüísticos, colocaciones o fraseológicos, entre otros, del español de Chile. Y, por último, esperamos que, a esta primera aportación dedicada a Chile de la serie dedicada a InterpretAmérica, puedan seguirle muchas más[4].

---

[3] Sardegna, V., Lazzaro-Salazar, M. y Luchini, P. (eds.) (2025/en prensa). *(Mis)Understandings in Multicultural Communication: Implications for Second Language Classrooms and Professional Settings*. Suiza: Springer.

[4] Asimismo, ya se encuentra en preparación la primera serie dedicada a la creación de materiales didácticos para el inglés de África, y se centrará en el inglés de Zimbabue (*vid.* Recuenco Peñalver, M. y Seghiri, M. 2025/en prensa. *InterpretÁfrica: variedades del inglés de África e interpretación. El caso de Zimbabue*. Granada: Comares.

Glosario de chilenismos

— Achacarse: Entristecerse, desanimarse.

— Achuntar: Acertar, apuntar, dar al grano.

— A lapa: Montarse sobre los hombros de otra persona. En el norte, "a tota". En el sur, "a chique" o "al acha".

— Al lote: Desordenado, sin reglas.

— Al tiro: De inmediato.

— Andar pato: No tener dinero

— Apañar: Acompañar a un amigo, físicamente o psicológicamente.

— Aperrar: Ser valiente, insistir a pesar de las dificultades.

— Apitutado: Alguien que tiene buenos contactos y consigue objetivos a través de ellos.

— Apretado: Ser egoísta, tacaño, avaro.

— Arrugar: Echar pie atrás, arrepentirse, desistir.

— Atao: Problema.

— Avispado: Audaz, ágil, inteligente.

— ***Bakán/bacán**: Cool, estupendo, excelente.

— ***Cachar**: Mirar, ver algo, entender, captar.

— Cahuín: Chisme.

— Caleta: Bastante, en gran cantidad.

— Carrete: Fiesta.

— ***Chori / choro / choriflay**: Entretenido, divertido, buena onda, súper.

— Colarse: Entrar sin permiso.

— ***Condorearse**: Cometer un error.

— ***Condoro**: Error, desacierto, desliz.

— Copete: Bebida alcohólica, trago.
— Cuático/a: Raro/a.
— Cuico/a: Persona adinerada.
— Curao: Bajo los efectos del alcohol.
— Chicotear los caracoles: Apurarse.
— Chorearse: Enojarse.
— Choro: Envalentonado. También es choro algo que tiene gracia.
— Dar jugo: Perder el tiempo, no ser productivo; decir incoherencias.
— Echar la foca: Retar, increpar a alguien.
— Embarrarla: Arruinar algo o una situación.
— Engrupir: Seducir, coquetear. También mentir, engañar.
— Enrollado: Muy involucrado, muy sensible, muy reflexivo. Enredado.
— Estirar la pata: Morir.
— **Filete**: Muy bueno, excelente, perfecto.
— Filo: No importa.
— Flaco/a: Chico/a, hombre o mujer joven.
— Fome: Aburrido.
— Gallo/a: Se usa para designar a una persona joven.
— Gancho: Amigo, vecino (utilizado en el campo).
— **Gil**: Tonto.
— **Hacer leso**: Engañar.
— Huevón (güeón): Se utiliza para calificar a alguien de tonto o estúpido; sin embargo, también puede significar amigo. Tiene múltiples derivaciones.
— Irse al chancho: Excederse, sobrepasarse, abusar.
— La firme: La verdad, lo real.
— La dura: La verdad.
— Lanza: Delincuente, ladrón, mafioso.
— Lata: Aburrimiento, desmotivación.
— **La raja**: Situación o cosa muy buena.
— Lesear: Molestar, entretenerse, tontear.
— **Liz Taylor**: Listo
— LJ: Lo' juimo' - en lenguaje coloquial que significa 'Nos fuimos'.
— Lolo(a): Muchacho(a), joven.
— Longui: Loco, hippie.

— Luca: Billete de mil pesos.

— Machucado: Golpeado, maltraído.

— Mano de guagua: Avaro, egoísta, mezquino.

— Micro: Bus del transporte público.

— Mina: Mujer, chica, muchacha. Además del genérico se usa para denominar a las chicas atractivas.

— Mino: Hombre, muchacho, joven. Además del genérico se usa para denominar a los muchachos atractivos.

— Ene: Mucho, bastante, gran cantidad.

— Nanai: Cariño, arrumaco.

— Ni ahí: No me importa.

— Ni un brillo: Algo o alguien sin gracia, sin atractivo.

— **Ni una cuestión**: Nada.

— **Once**: Hora del té durante la tarde; merienda.

— Pal Gato (estar): Sentirse mal, enfermo.

— Pagar el piso: Expresión que se usa cuando una persona que trabaja por primera vez invita con su primer sueldo a sus compañeros y/o familiares a una comida o a una ronda de tragos.

— Pastel: Aquel que actúa frecuentemente de manera equivocada.

— Patudo: Fresco, sinvergüenza.

— Pavear: Distraerse.

— Pega: Trabajo.

— Peludo: Difícil, complicado. Alguien peludo, alguien viejo, maduro.

— **Pescar**: Prestar atención.

— **Picada**: También 'picás'. Restaurante sencillo e informal de bajo precio.

— **Piola**: Inadvertido; tranquilo.

— **Po'**: Apócope de 'pos', deformación de 'pues'.

— Pololeo: Relación amorosa, de pareja cuando no se está casado.

— Pololo/a: Novio/a.

— **Quedar pato**: Quedar sin dinero.

— Rajado: Muy rápido, muy generoso, muy bueno para la fiesta.

— Rasca: De mala calidad, ordinario, vulgar.

— Sacar pica: Provocar celos o envidia a alguien.

— Salir con el chancho al hombro: Decir una mentira, negar algo.

— Sapo: Soplón, alguien curioso, disfruta del chisme.

— Seco (alguien): Que tiene talento, que es exitoso en un área.
— ***Sipo**: Sí pues.
— Tata: Abuelo.
— Tirar a la chuña: Tirar algo al aire y que cada quien recoja lo que pueda.
— Tocar el violín: Ser el tercero acompañando a una pareja.
— Tollo: Mentira, exageración.
— Tuto (hacer): Dormir. Tener tuto, tener sueño.
— Vaca (hacer una): Colecta de dinero entre varios. En el sur, "hacer una cucha".
— ***Vender la pomada**: Engañar, mentir.
— Viejo verde: Hombre mayor que tiende a coquetear con mujeres bastante más jóvenes que él.
— Virarse: Irse, retirarse de un lugar.

NOTA: Las palabras con ***en negrita** son las que aparecen utilizadas en las conferencias de este libro.

Sobre los autores (por orden alfabético)

Lazzaro-Salazar, Mariana

Es profesora de Inglés (Universidad Nacional de Mar del Plata, Argentina), Magister en Lingüística Aplicada y PhD en Lingüística de Victoria University of Wellington, Nueva Zelanda. También tiene un Postdoctorado en Lingüística por la Universidad Católica del Maule (con el financiamiento de la Agencia Nacional de Investigación y Desarrollo, Chile). Es académica auxiliar e investigadora del Centro de Investigación de Estudios Avanzados del Maule (CIEAM) de la Vicerrectoría de Investigación y Postgrado de la Universidad Católica del Maule (UCM), Chile. Es investigadora asociada del Proyecto *Language in the Workplace*, de Victoria University of Wellington (Nueva Zelanda), directora de la revista académica UCMaule, Embajadora Científica de la UCM para el Proyecto Colmena (INCA 220007, ANID), miembro del Comité de Ética Científico, miembro del Comité Académico del claustro del Doctorado en Educación en Consorcio, y miembro del claustro del Doctorado en Psicología en la UCM. Mariana también es miembro del Comité Asesor de Doctorado en Lingüística de la Universidad de Leeuwen, Bélgica. Del 2016 al 2022 fue la coordinadora del Comité de Letras del Programa Formación de Capital Humano Avanzado-PFCHA de la Agencia Nacional de Investigación y Desarrollo (ANID, ex-Conicyt). Mariana es miembro del directorio del *Gender and Workplace Discourse Research Network* de University of Hertfordshire (Reino Unido) y directora de equipo de investigación en Comunicación Intercultural en el *Research and Impact Initiative on Communication in Healthcare* (RIICH, University of Hong Kong). Mariana es par coordinadora en Chile del proyecto Erasmus+ KA701 con la Universidad de Málaga, ha sido directora e investigadora responsable de numerosos proyectos de investigación del ANID y de vinculación con el medio UCM, y es investigadora asociada en diversos proyectos de investigación del CONICET, Argentina.

Mundaca, Enrique A.

Enrique A. Mundaca es profesor auxiliar de la Escuela de Ciencias Agrarias y Forestales de la Universidad Católica del Maule. Es biólogo titulado de la Universidad de Concepción (Chile). Posee los grados de MSc. en Conservación Biológica y PhD en Ecología de la Universidad Victoria de Wellington (Nueva Zelanda). Sus intereses de investigación se centran en la ecología, taxonomía y ecología de insectos, sustentabilidad en agroecosistemas, relación humano-naturaleza, e historia natural de organismos marinos (peces y equinodermos) y aves. Dentro de sus intereses se encuentran tanto la lectura como la escritura de poemas y cuentos en inglés y en español.

Philominraj, Andrew

Es doctor en filosofía, y bachiller en Literatura inglesa de la University of Madras. Licenciado en Ciencias Religiosas de la Universidad Católica del Maule, Magíster en Gestión Educacional en la Universidad San Sebastián, Master en Administración Educacional, IEDE Escuela de Negocios, España y Master en English Linguistics, Universidad Bolivariana. Actualmente, es profesor asociado del departamento de idiomas y director del programa del doctorado en educación UCM en consorcio con UCT, UCSC y UBB. Ha sido profesor de pregrado y postgrado en la Facultad de educación.

Es investigador responsable del proyecto GORE BIP n.º 40.001.166-0 y Co-investigador en Fondecyt Regular n.º 1181925 y n.º 1231136. Es coordinador académico del proyecto Seremi-GORE BIP n.º 30.447.484-0. Ha desempeñados en cargo de director de Postgrado de la Universidad Católica del Maule, director de Relaciones Internacionales de la Universidad de Talca y secretario ejecutivo de la Comisión de Cooperación Internacional del Consejo de Rectores de Universidades chilenas (CRUCH) y vice-presidente de la Asociación Internacional de profesores de inglés como idioma extranjero (IATEFL-Chile). En el año 2021 ejerció el rol de Líder de Mesa del Proyecto NODO20006-Macrozona Centro Sur. Realizó pasantía como en Staff Mobility Fellow en Erasmus+KA107 European Project - Universidad de Málaga, España. También integra como miembro permanente de Red de investigadores chilenas en enseñanza y aprendizaje (RICELT) y Comité Ejecutivo del Centro de Innovación Regional del MINEDUC. Posee publicaciones en revistas indexadas, además de autoría y coautoría de libros.

Seghiri, Miriam

Es catedrática de Universidad en el Departamento de Traducción e Interpretación de la Universidad de Málaga (España). Licenciada y doctora en Traducción e Interpretación por la Universidad de Málaga y Graduada en Derecho por la Universidad Internacional de la Rioja. También ha impartido docencia internacional en la Universidad de Dickinson College (EE.UU.), en la Universidad de Cambridge (Reino Unido), en la Universidad de Jordania (Jordania), en la Universidad de Montevideo (Uruguay), en la Universidad de Buenos Aires (Argentina), en la Universidad de Namibia (Namibia) y en la University of West Sydney (Australia), entre otras, así como en las Licenciaturas en Traducción e Interpretación de las Universidades de Murcia y Córdoba, en España.

Asimismo, es Vicerrectora Adjunta de Cooperación Internacional y Política Lingüística de la Universidad de Málaga. También es directora adjunta de cuatro publicaciones periódicas de Derecho y jefa de estudios del Máster Erasmus Mundus en Tecnologías de la Traducción e Interpretación.

Le han sido concedidos galardones como el Premio Extraordinario de Doctorado, el Premio George Campbell, el Premio de investigación en Humanidades "María Zambrano" o el Premio de Tecnologías de la Traducción de España, por la implementación del algoritmo N-Cor, que subyace a la aplicación informática Recor. El mencionado algoritmo N-Cor se encuentra actualmente patentado a través de la Oficina Española de Patentes y Marca y, en la actualidad, es el más licenciado en la historia de la Universidad de Málaga.

Es miembro del Instituto Universitario de Investigación de Tecnologías lingüísticas Multilingües (IUITLM), así como del Grupo de Investigación LexyTrad (ref. HUM-106). Sus líneas de investigación se centran, principalmente, en las nuevas tecnologías aplicadas a la traducción y la interpretación. Es autora de obras en la misma línea del volumen que nos ocupa, como *INTERPRETÁFRICA: Variedades del inglés de África e interpretación. El caso de Zimbabue.* Los resultados de su investigación se han dado a conocer a través de diversos foros académicos tanto nacionales como internacionales.

Valdés-Villalobos, Belén

Es profesora de Educación General Básica y Licenciada en Educación; Mg en Educación Especial y Psicopedagogía; estudiante regular del programa de Doctorado en Lingüística, Literatura y Traducción de la Universidad de Málaga, España; y actual candidata a doctora en Educación del Doctorado en Educación en Consorcio de la Universidad Católica del Maule, Chile. Desarrolla la línea de formación docente, mediante una aproximación teórica y metodológica, que ha centrado su investigación en la disciplina neuroeducativa y sus principios socio-afectivos en educación a través de un análisis interpretativo mediante técnica de corpus. Ha publicado artículos y realizada difusión científica a nivel nacional e internacional sobre el campo neuroeducativo.

colección

INTERLINGUA

Director: Pedro San Ginés Aguilar • Ana Belén Martínez López